À la page 2021

2021

– variétés françaises –

Yojiro ISHII ● Michel SAGAZ

Editions ASAHI

(Être) à la page : (être) au courant des nouveautés.

まえがき

　2010 年度から多くのクラスで使用されてきた *À la page* シリーズは，2020 年度から日本人著者が加藤晴久から石井洋二郎に交代しました．引き続きテキストを担当する Michel Sagaz とのコンビで，2021 年度版をお届けします．

　初級フランス語の学習を終えた人たちを対象に，フランスおよびフランス語圏のさまざまな話題を平易かつ明快な文章で提供するという，このシリーズの基本的なコンセプトは変わりません．本書でも政治，経済，歴史，社会，産業，文化，教育，芸術，スポーツ等々，多岐にわたるトピックがとりあげられていますので，学習者はフランス語の基礎を復習しながら，言葉の背景にある社会や文化の多様な広がりを自然に学べるようになっています．

(1) 各課のはじめには簡単な導入文がありますので，テキストに出てくる話題の文脈や背景を知るための参考にしてください．また，囲み記事ではその課に出てくる文法事項や慣用表現に関するメモを記してありますので，あらかじめ目を通しておけば，本文の理解の助けになるでしょう．

(2) 注は必要最小限にとどめてあります．語学学習にとって最も大切なのは自分で徹底的に辞書を引くことですから，ぜひその習慣をつけてほしいと思います．

(3) 各課の 4 ページ目には，各課の内容に即した練習問題があります．❶は単語の派生語に関する問題，❷は文法事項を踏まえた書き換え問題や穴埋め問題等，❸は要素を並べ替えて正しい文を作る問題，そして❹はテキストの趣旨が正しく理解できているかどうかを問う正誤問題です．いずれも本文に出てきた語彙や表現を応用して作ってありますので，随時テキストを参照しながら知識の定着をはかってください．

(4) この教科書にはフランス人がテキストを音読した CD が付いています．これを繰り返し聞いて，まずは耳からフランス語を理解する訓練をしてください．そして次に，CD を聞きながら音読し，自分の口でフランス語を発話する練習をしてください．こうしてテキストを文字通り「身につける」ことで，フランス語の力は格段に向上するはずです．

☞ この教科書のテキストは，さまざまな資料を参考にして，語彙や文法のレベルを考慮しながら書き下ろしたものであり，特定の出典はありません．

☞ 本文中，たとえば (3-5) とあるのは「3 課の注 5 を参照」，(*6) とあるのは「6 課の〈読解のヒント〉を参照」という意味です．

> この教科書のテキストは旧来の綴り字で書かれていますが，フランス国民教育省は，2016 年，「新しい綴り字」la nouvelle orthographe を公布しました．巻末にはその概要を記しておきましたので，適宜参照してください．

目　次»

写真提供クレジット一覧

AFP ＝時事（p. 5, p. 9, p. 29, p. 37, p. 49）/ ABACA PRESS / 時事通信ノォト（p. 13）/
写真：AP / アフロ（p. 21, p. 25）/ Elena Chevalier / Shutterstock.com（p. 41）/ 写真：
アフロ（p. 45）/ ©shehanhanwellage, JR（p. 57）/ milosk50 / Shutterstock.com（p. 61）/
ROGER_VIOLLET（p. 69）/ U.S. Geological Survey, Department of the Interior / USGS
（p. 73）/ EQRoy / Shutterstock.com（p. 77）/ Shutterstock

1 un ≫ Prénoms et noms de famille

名前と姓

2021

JANVIER		
V	1	Jour de l'an
S	2	S. Basile
D	3	Se Geneviève
L	4	S. Odilon
M	5	S. Edouard 01
M	6	Se Mélaine
J	7	S. Raymond
V	8	S. Lucien
S	9	Se Alix
D	10	S. Guillaume
L	11	Se Paulin
M	12	Se Tatiana 02
M	13	Se Yvette
J	14	Se Nina
V	15	S. Rémi
S	16	S. Marcel
D	17	Se Roseline
L	18	Se Prisca
M	19	S. Marius 03
M	20	S. Sébastien
J	21	Se Agnès
V	22	S.Vincent
S	23	S. Barnard
D	24	S. Fr. de Sales
L	25	Conv. de S. Paul
M	26	S. Paul 04
M	27	Se Angèle
J	28	S. Th. d'Aquin
V	29	S. Gildas
S	30	Se Martine
D	31	Se Marcelle

FÉVRIER		
L	1	Se Ella
M	2	Présentation 05
M	3	S. Blaise
J	4	Se Véronique
V	5	Se Agathe
S	6	S. Gaston
D	7	Se Eugénie
L	8	Se Jacqueline
M	9	Se Apolline 06
M	10	S. Arnaud
J	11	N.-D. Lourdes
V	12	S. Félix
S	13	Se Béatrice
D	14	S. Valentin
L	15	S. Claude
M	16	Mardi-Gras 07
M	17	S. Alexis/Cendres
J	18	Se Bernadette
V	19	S. Gabin
S	20	Se Aimée
D	21	S. P. Damien
L	22	Se Isabelle
M	23	S. Lazare 08
M	24	S. Modeste
J	25	S. Roméo
V	26	S. Nestor
S	27	Se Honorine
D	28	S. Romain

A Besançon, Bordeaux, Clermont-Ferrand, Dijon,Grenoble, Limoges, Lyon, Poitiers.
B Aix-Marseille, Amiens, Caen, Lille, Nancy-Metz, Nantes, Nice, Orléans-Tours, Reims, Rennes, Rouen, Strasbourg.
C Créteil, Montpellier, Paris, Toulouse, Versailles.

MARS		
L	1	S. Aubin
M	2	S. Ch. le Bon 09
M	3	S. Guénolé
J	4	S. Casimir
V	5	Se Olive
S	6	Se Colette
D	7	Se Félicité
L	8	S. Jean de Dieu
M	9	Se Françoise 10
M	10	S. Vivien
J	11	Se Rosine
V	12	Se Justine
S	13	S. Rodrigue
D	14	Se Mathilde
L	15	Se Louise
M	16	Se Bénédicte 11
M	17	S. Patrice
J	18	S. Cyrille
V	19	S. Joseph
S	20	Printemps
D	21	Se Clémence
L	22	Se Léa
M	23	S.Victorien 12
M	24	Se Cath. de Suède
J	25	Annonciation
V	26	Se Larissa
S	27	S. Habib
D	28	Rameaux
L	29	Se Gladys
M	30	S. Amédée 13
M	31	S. Benjamin

AVRIL		
J	1	S. Hugues
V	2	Se Sandrine
S	3	S. Richard
D	4	Pâques
L	5	Lundi de Pâques
M	6	S. Marcellin 14
M	7	S. J-B de la Salle
J	8	Se Julie
V	9	S. Gautier
S	10	S. Fulbert
D	11	S. Stanislas
L	12	S. Jules
M	13	Se Ida 15
M	14	S. Maxime
J	15	S. Paterne
V	16	S. Benoît-Joseph
S	17	S. Anicet
D	18	S. Parfait
L	19	Se Emma
M	20	Se Odette
M	21	S. Anselme 16
J	22	S. Alexandre
V	23	S. Georges
S	24	S. Fidèle
D	25	S. Marc
L	26	Se Alida
M	27	Se Zita
M	28	Se Valérie 17
J	29	Se Catherine de Si.
V	30	S. Robert

2021 年度の聖人暦（1 月〜 4 月）

キリスト教の世界には「聖人暦」calendrier des saints と呼ばれるものがあって，月日ごとに対応する聖人が決まっています．フランス人の名前はもともとこの暦に従って，誕生日の聖人名にちなんでつけられるのが一般的な慣習でした．現在では両親が子どもの名前を自由につけられることになっていて，中には Gaufre（ワッフル）とか Fourchette（フォーク）といった一種の「キラキラネーム」も見られるようですが，社会生活を営む上で支障のある名前が認められないのは日本と同様です．一方，日本では「家」制度の名残で夫婦別姓がまだ法的に認められていませんが，フランスでは結婚しても改姓が求められることはなく，互いに配偶者の姓を通称として用いることが認められています．

▌▌▌ 読解のヒント ▌▌▌

性・数によって変化する指示代名詞（celui, celle, ceux, celles）はその前に出てきた名詞の代わりに用いられるので，どの単語を受けているかを必ず確認するようにしてください．ただし，場合によっては漠然と「人」を意味する用法もあります．J'aime *ceux* qui sont modestes.（私は謙虚な人が好きだ）

» Prénoms et noms de famille

En France, depuis 2003, pour leur enfant, les parents peuvent choisir le nom de famille du père, celui de la mère ou les deux accolés. Les Français ont souvent plusieurs prénoms. Leur nombre n'est pas fixé par la loi. Cependant, un seul est utilisé dans la vie ; c'est le prénom usuel.

Parfois, c'est difficile de distinguer le prénom du nom de famille[1]. Si quelqu'un s'appelle Pierre Martin[2], par exemple, des confusions sont possibles. En général, on dit le prénom avant le nom. Étymologiquement, « pré-nom » signifie « avant le nom ». À l'écrit[3], le nom de famille est souvent en majuscules[4], dans les documents administratifs par exemple.

Au Moyen Âge[5], les gens n'avaient pas de nom de famille, seulement un nom de baptême. Ils s'appelaient simplement Pierre, Sylvie, Jean, Sophie, etc. En général, ils portaient le nom du saint du jour de leur naissance. Par exemple, un garçon né un 24 juin s'appelait souvent Jean.

Mais, comme la population augmentait, beaucoup de personnes s'appelaient pareil. Et il y avait des confusions ! Pour

- -

1) distinguer le prénom du nom de famille distinguer A de B で「A と B を区別する」. ここでは A = le prénom と B = le nom de famille の間の de が定冠詞 le と縮約されて du になっていることに注意.

2) Pierre Martin フランスでは Pierre も Martin も名前と姓の両方に用いられる. Jean, Philippe, Simon, Thomas なども同様で, しばしば混乱のもとになる.

3) À l'écrit 「文字で書くときには」「文書では」.

4) majuscules 厳密にいえば印刷用語としての大文字は capitale と言い, 綴りの上で単語の最初の大文字を人文字にする場合に majuscule と言うが, 実際にはほとんど区別なく用いられている.

5) Moyen Âge ヨーロッパの中世 (西暦 476 年の西ローマ帝国崩壊から 1453 年の東ローマ帝国滅亡, または 1492 年のアメリカ大陸発見まで) を指す場合は普通大文字で始める.

les distinguer, on a ajouté des surnoms. Au fil des siècles[6], ils sont devenus les noms de famille d'aujourd'hui. C'était, par 20 exemple, le nom de baptême du père : Pierre (est le fils de) MARTIN ; ou bien, un métier (Sylvie BOUCHER), une caractéristique physique (Jean PETIT), un lieu (Sophie DUBOIS), etc.

En 1803, la loi a régulé le choix des prénoms : l'état civil[7] 25 acceptait seulement ceux des calendriers et des personnages connus de l'histoire ancienne. Les autres prénoms étaient interdits.

Depuis 1993, les parents donnent le prénom qu'ils souhaitent à leur enfant. Une seule condition : le prénom ne doit 30 pas nuire à l'enfant ; par exemple, il ne doit pas être ridicule ou grossier. Parmi les prénoms refusés, on peut citer « Nutella[8] » ; c'est le nom d'une pâte à tartiner…

En général, les parents choisissent un prénom convenable. Ces dernières années, parmi les prénoms les plus donnés, il y a 35 Emma, Jade, Louise, Alice pour les filles, et Gabriel, Raphaël, Léo, Louis pour les garçons.

・・

6) **Au fil des siècles** 〈au fil de ～〉「(空間的に) ～に沿って」「(時間的に) ～につれて」.

7) **état civil** ここでは「役所の戸籍係」.

8) **Nutella** パンに塗るペーストの商品名. ヘーゼルナッツとココアなどを混ぜ合わせたチョコレート風味の製品で, 発売元はイタリアのフェレロ Ferrero 社.

Exercices »

I 次の動詞に対応する名詞を書きなさい.

(1) choisir （　　　　　）　　(2) distinguer （　　　　　）

(3) signifier （　　　　　）　　(4) souhaiter （　　　　　）

II 次の各文の下線部を主語にして，全体を受動態の文に書き換えなさい.

(1) En France, la loi fixe le salaire minimum.

→

(2) Au Japon, la Constitution interdit la censure.

→

(3) En général, les parents choisissent un prénom convenable.

→

III 次の要素を並べ替えて文を作りなさい（文頭に来るものも小文字で始めてあります．平叙文では文末に point をつけること）.

(1) distinguer / du mal / le bien / les enfants / ne / pas / savent

(2) à / beaucoup / d'exercice / la santé / le manque / nuit

IV 次のフランス語の文がテキストの内容に一致している場合は○を，一致していない場合は×を ［　］ 内に記入しなさい.

(1) En France, les parents doivent choisir un seul de leurs noms de famille pour leur enfant. ［　］

(2) Le nom de baptême du père est à l'origine de tous les noms de famille français. ［　］

(3) Les parents n'ont pas le droit de donner à leur enfant un prénom ridicule ou grossier qui pourrait lui nuire. ［　］

Jacques Chirac

ジャック・シラク

首相やパリ市長などの要職を歴任した後，1995年の選挙で第22代のフランス共和国大統領に当選したジャック・シラクは，就任直後に南太平洋で核実験を強行して国際世論の非難を浴びたこともありますが，持ち前のたくましい行動力で多くの業績を残し，2期12年に及ぶ任期を全うして2007年に退任しました．亡くなったのは2019年で，晩年はアルツハイマー症を患っていたといわれます．歴代フランス大統領の中でも際立った親日家で，日本の美術や文学に関する造詣が深かったことで知られますが，特に大相撲の大ファンであったことは有名で，愛犬に Sumo という名前をつけていたほどです．1995年の大相撲パリ公演も彼の尽力で実現したものでした．

読解のヒント

　「死ぬ」にあたる一般的なフランス語の動詞は mourir ですが，décéder は「亡くなる」という丁寧なニュアンスで用いられます．このほか，交通事故などで心ならずも死ぬ場合は être tué，非業の死を遂げる場合は périr，自殺する場合は se tuer (se suicider) など，状況や文脈によっていろいろな表現が使われます．

2 » **Jacques Chirac**

Jacques Chirac est un ancien président de la République française. Il est décédé en 2019 à l'âge de quatre-vingt-six ans. Sa carrière politique est exceptionnelle. Elle a duré plus de quarante ans.

5　　Il a occupé de nombreux postes. Notamment, il a été plusieurs fois ministre et deux fois Premier ministre. Il a été maire de Paris pendant dix-huit ans, de 1977 à 1995[1]. Cette année-là, il a été élu président de la République.

Jacques Chirac a fait deux mandats présidentiels : un
10　septennat et un quinquennat[2]. C'est le dernier président qui a fait un septennat. En effet, c'est durant son premier mandat qu'on a instauré le quinquennat présidentiel en France.

C'était un battant[3] ! Avant d'être élu président en 1995, il s'est présenté[4] deux fois : en 1981, il a fini troisième au premier
15　tour[5] ; en 1988, il a perdu au deuxième tour face au président sortant[6], François Mitterrand.

Pendant sa présidence, il y a plusieurs points positifs : il s'est opposé à la guerre d'Irak menée par les États-Unis en 2003 ; il a reconnu la responsabilité de l'État français dans la déportation

1) **de 1977 à 1995** シラクはパリ市長在任中の 1986 年から 88 年まで, ミッテラン大統領のもとで首相を務めた（フランスでは兼任が可能）. なお, 彼は初代のパリ市長である（第 6 課参照）.

2) **un septennat et un quinquennat** 「7 年任期と 5 年任期」. 第五共和政のフランス大統領の任期は当初 7 年だったが, シラクが 1 期目の在任中であった 2000 年の国民投票で 5 年に短縮された. 前任者のミッテランは 7 年任期を 2 度務めたので, 歴代最長の 14 年間大統領の座にあった.

3) **battant** 動詞 battre の現在分詞から作られた名詞で, 「戦闘的な人」.

4) **il s'est présenté** se présenter は, ここでは「出馬する」「立候補する」の意.

5) **il a fini troisième au premier tour** 「第 1 次投票で 3 位に終わった」. troisième は主語の属詞として用いられている. tour は「順番」の意で, ここでは複数回行われる投票の「第何回目」を表す.

6) **président sortant** sortant は sortir の現在分詞からできた形容詞で「任期満了の」の意.

des Juifs pendant la Seconde Guerre mondiale[7] (c'est un sujet 20
important, et sensible, dans l'histoire récente de la France)...

Il y a aussi plusieurs points négatifs : son bilan économique
et social moyen, son implication dans des affaires judiciaires[8]...

Avant de lire ce texte, est-ce que vous connaissiez Jacques
Chirac ? 25

Il était très populaire au Japon. Il y a voyagé une
cinquantaine de fois ! Grand japonophile[9], « Chirac-san » était
passionné par la civilisation et la culture japonaises : le sumo,
l'histoire, les arts...

En fait, il aimait toutes les civilisations lointaines. L'un de 30
ses grands projets, c'est la création du musée du quai Branly[10], à
Paris. Ce musée est dédié aux arts et civilisations non européens.

Quand Jacques Chirac était au pouvoir, il était très critiqué.
Mais, après sa retraite politique, il est devenu la personnalité
politique préférée des Français. 35

Aujourd'hui, beaucoup de Français pensent que Jacques
Chirac était un grand président : le dernier grand président de
la Ve République.

....

7) **déportation des Juifs pendant la Seconde Guerre mondiale** 第二次世界大戦中の 1942
年 7 月，フランスの警察がナチスに協力して 13,000 人近いユダヤ人を一斉検挙し，パリの Vel
d'Hiv 競輪場に監禁した「ヴェル・ディヴ事件」．2017 年の大統領選挙のさい，マクロンの対立
候補であった極右候補のマリーヌ・ルペン Marine Le Pen はこの事件に関して「フランスに
責任はない」と発言し，話題になった．

8) **affaires judiciaires** シラクは大統領退任後，パリ市長時代に自党（共和国連合）の党員を架
空雇用して給与を資金流用した疑いで起訴され，2011 年に禁固 2 年（執行猶予付き）の有罪判
決を受けている．

9) **japonophile** Japon に「…好き」の意の接尾語 -phile をつけた合成語で「日本びいき」．「フ
ランスびいき」は francophile.

10) **musée du quai Branly** パリ 7 区のセーヌ河畔にあり，ヨーロッパ以外の地域（アフリカ，ア
ジア，オセアニア，南北アメリカ）の美術品や民族資料を収める．

Exercices » ───────────────────────────

Ⅰ 次の形容詞の女性形を書きなさい.

(1) ancien (　　　　　) 　(2) nombreux (　　　　)

(3) positif (　　　　　) 　(4) européen (　　　　)

Ⅱ 次の下線部の動詞を直説法の複合過去または半過去にして (　　) 内に入れ, 各文の意味を言いなさい. 否定文の場合は ne...pas の位置に注意すること.

(1) Il être (　　　　　) Premier ministre pendant quatre ans.

(2) Je ne pas connaître (　　　　　　　) Marguerite Duras avant de voir le film *Hiroshima mon amour*.

(3) Après sa mort, cette écrivaine devenir (　　　　　) célèbre dans le monde entier.

Ⅲ 次の要素を並べ替えて文を作りなさい（文頭に来るものも小文字で始めてあります. 平叙文では文末に point をつけること）.

(1) aux / élections / il / municipales / présenté / s'est

(2) à / dédié / est / parents / premier / roman / ses / son

Ⅳ 次のフランス語の文がテキストの内容に一致している場合は○を, 一致していない場合は×を [　] 内に記入しなさい.

(1) Jacques Chirac a été maire de Paris avant d'être élu président de la République. [　]

(2) François Mitterrand a gagné contre Jacques Chirac au deuxième tour de l'élection présidentielle en 1988. [　]

(3) Tout en ayant ses mérites et ses défauts, Jacques Chirac est considéré comme le dernier grand président de la Ve République. [　]

3 trois

Les Gilets jaunes

黄色いヴェスト運動

　フランスでデモが行われることはめずらしくありませんが，2018年11月17日から始まった「黄色いヴェスト運動」は，戦後最も長期化した抗議運動となりました．毎週土曜日に黄色いヴェスト gilet jaune を着けた民衆によるデモが各地で展開され，過激な暴力行為も繰り返されています．もともと燃料税の引き上げに端を発したこの動きは，やがて経済政策全般への批判から，エマニュエル・マクロン大統領に対する辞任要求へとエスカレートしていきました．若さと新鮮さが期待された大統領でしたが，富裕層優先と見える姿勢が一般大衆の強い反発を招いたのでしょう．フランス一国にとどまらない広がりを見せているこの運動は，1968年の5月危機と並ぶできごととして歴史に残るにちがいありません．

▌▌▌ 読解のヒント ▌▌▌

　y compris という表現は名詞や副詞（句）の前または後で用いられ，「〜を含めて」の意を表します．名詞が前に置かれる場合のみ性・数がこれに一致するので注意してください．J'ai invité quatre collègues à dîner, *y compris* Louise (Louise *y comprise*)．（私はルイーズを含めて4人の同僚を夕食に招いた）

Le gilet jaune est un vêtement de sécurité obligatoire pour les automobilistes en France. Ils le portent, par exemple, s'ils sortent de leur voiture après un arrêt d'urgence. Ce gilet est le symbole du « mouvement des Gilets jaunes ».

5 　Ce mouvement social commence[*10] fin 2018[1] : sur Internet[2], il y a des appels à manifester contre l'augmentation de la taxe sur le carburant.

　Au début du mouvement, les Gilets jaunes sont surtout des personnes qui habitent dans les zones périurbaines ou à la 10 campagne. Pour eux, la voiture est indispensable : pour aller au travail, pour faire les courses, etc.

　Sociologiquement, les Gilets jaunes appartiennent plutôt aux classes moyennes et populaires. Ils sont ouvriers, employés, agriculteurs[3]… Ils travaillent, mais ils n'ont pas un salaire 15 élevé[4]. Ainsi, ce ne sont pas les Français les plus pauvres, mais ce sont les plus pénalisés par les taxes.

　Cependant, l'augmentation de la taxe sur le carburant, c'est seulement l'élément déclencheur du mouvement. Ce mouvement a révélé un grand mécontentement de beaucoup d'autres Français.

20 　Les causes de ce mécontentement sont nombreuses et

---

1) fin 2018　前置詞も冠詞もなしの〈fin＋年号〉で「～年の年末に」の意の副詞句として用いる.

2) Internet　冠詞をつけず，大文字で始める.

3) ouvriers, employés, agriculteurs　名詞を列挙するときは冠詞を省略することができる.

4) ils n'ont pas un salaire élevé　否定文でも直接目的語の前の不定冠詞 un が de にならないのは，名詞 salaire が形容詞 élevé で限定されて部分的な否定になっているから.

5) prélèvements obligatoires　直訳すれば「強制徴収金」. 租税負担と社会保障負担をあわせた国民負担金のこと.

6) le　属詞を受ける中性代名詞. ここでは位置的に少し離れた形容詞を受けているので注意.

7) forces de l'ordre　暴動などを鎮圧する警察力. ここで ordre は公共秩序を意味する.

diverses : baisse du pouvoir d'achat, augmentation des prélèvements obligatoires[5], petites retraites, chômage…

Dès lors, les revendications des Gilets jaunes le[6] sont aussi : amélioration de l'économie des classes moyennes et populaires, changement de la politique sociale et fiscale, plus de démocratie 25 directe… Et beaucoup demandent la démission d'Emmanuel Macron !

Les Gilets jaunes utilisent plusieurs modes d'action – des blocages de ronds-points, par exemple. Surtout, il y a des manifestations chaque samedi.

Certaines sont très violentes, du côté des manifestants 30 comme du côté des forces de l'ordre[7]. Il faut dire que parmi les manifestants, il y a parfois des casseurs et des black blocs[8].

Ces manifestations sont très médiatisées, y compris internationalement : par exemple, quand l'Arc de Triomphe ou les Champs-Élysées sont saccagés. 35

Le mouvement des Gilets jaunes est sans doute la révolte sociale la plus importante en France depuis Mai 68[9].

Y compris pendant le confinement à cause de la Covid-19[10], les Gilets jaunes sont mobilisés, tout en respectant la loi ; ils utilisent Internet, par exemple. 40

8) **black blocs**　英語で，黒色の服やマスク，帽子，サングラスなどを着用してデモを行う一団. 暴力的アナーキストがしばしば戦術として用いる.

9) **Mai 68**　ドゴール政権下の1968年に起きた「5月危機」あるいは「5月革命」. 学生主導の抗議運動がゼネストまで発展し，翌年ドゴールは辞任に追い込まれた.

10) **la Covid-19**　CoronaVirus Disease 2019 (2019年にコロナウイルスが引き起こした病気) という英語を略した形で，2020年2月にWHO (フランス語ではOMS = Organisation mondiale de la santé) が正式に採用した用語.　新語なのでフランス語としては男性名詞か女性名詞か揺れていたが，アカデミー・フランセーズは2020年5月7日，maladie (病気) という概念が含意されていることから女性名詞として扱うのが適切であるとの見解を公表した.

Exercices »

I 次の名詞に対応する形容詞の男性単数形を書きなさい.

(1) urgence （　　　　　）　(2) campagne （　　　　　）

(3) baisse （　　　　　）　(4) démocratie （　　　　　）

II 次の各文を （　　） 内の表現を用いて最上級の文にしなさい.

(1) C'est une étudiante brillante. (de sa classe)

→

(2) La tour Eiffel est un monument célèbre. (de France)

→

(3) Elle chante bien. (de sa famille)

→

III 次の要素を並べ替えて文を作りなさい（文頭に来るものも小文字で始めてあります. 平叙文では文末に point をつけること）.

(1) a trouvé / elle / intéressant / Internet / sur / un tweet

(2) améliorer / classes / des / faut / il / l'économie / populaires

IV 次のフランス語の文がテキストの内容に一致している場合は○を, 一致していない場合は×を ［　］ 内に記入しなさい.

(1) La plupart des Gilets jaunes appartiennent aux classes les plus pauvres. ［　］

(2) Le changement de la politique sociale et fiscale est une des revendications des Gilets jaunes ［　］

(3) Il y a toujours des manifestations chaque samedi en ville, même pendant le confinement à cause de la Covid-19. ［　］

Le changement climatique

気候変動

2003年生まれのスウェーデン人少女，グレタ・トゥーンベリは，地球温暖化の危機を訴える若き環境活動家として，2018年頃から世界的に有名になりました．学校での単独ストライキという直接的抗議行動から始まって，国際会議での演説やSNSを通じた発信へと広がっていった彼女の活動は，世界中の多くの若者たちに影響を与え，その言動は各国の指導者たちにも一目置かれています．その一方，歯に衣着せぬ物言いは一部の反発を買い，批判的な言葉を投げかける者も少なくありません．有名人に毀誉褒貶_{（き よ ほうへん）}はつきものですが，彼女が一種のスター扱いされるあまり，本来の主張の意義が見失われることがないよう願いたいものです．

‖‖‖ 読解のヒント ‖‖‖

prendreやmettreで作られる動詞句は，しばしば名詞句化されて用いられます．
例）prendre conscience（意識する，自覚する）→ prise de conscience, mettre en scène（上演する，演出する）→ mise en scène, mettre au point（焦点を合わせる，調整する）→ mise au pointなど．

Au XIXe siècle, l'industrialisation des pays a commencé à affecter l'environnement. De nos jours[1], l'impact de l'humain sur l'environnement est très fort. Et l'écologie est une préoccupation majeure. Dans le domaine politique, la prise en compte[2] des enjeux écologiques, c'est l'écologie politique.

À l'échelle de[3] l'humanité, l'écologie politique est assez récente. Mais, ces dernières décennies[4], la situation écologique est devenue urgente : surexploitation[5] des ressources naturelles, destruction de la nature, pollution… L'environnement est en danger. Une des conséquences les plus visibles, c'est le changement climatique.

Alors, de plus en plus de citoyens et politiques dénoncent la société de consommation des pays riches. Ils militent pour une transformation de leur modèle économique et social.

Parmi eux, il y a Greta Thunberg. Depuis plusieurs années, cette Suédoise milite pour la lutte contre le changement climatique.

Très jeune, elle a compris l'urgence écologique. Et elle a décidé d'agir à son échelle. Elle a commencé par de petits

1) De nos jours 「今日では」「現代では」.
2) prise en compte prendre 〜 en compte (…を考慮に入れる) を名詞句にした形.
3) À l'échelle de 〜 「…の規模で」. échelle は「梯子」の意.
4) ces dernières décennies décennies は「10年間」で, 全体は「ここ数十年」という副詞句になる.
5) surexploitation sur (過剰) ＋ exploitation (開発) の合成語で「行き過ぎた開発」.
6) végane 「ヴィーガン」. végétarien (肉類を口にしない菜食主義者), végétalien (卵や乳製品も含めて動物性の食品を口にしない完全菜食主義者) よりもさらに厳格で, 食品だけでなく, 動物に由来する衣類や装飾品などもすべて拒否する主義主張の人. 関連する内容を扱った第7課も参照のこと.

changements dans sa vie : elle est devenue végane[6)], elle a arrêté 20
de prendre l'avion… Comme elle a convaincu sa famille, elle a
voulu convaincre aussi d'autres personnes.

Alors, en 2018, elle a commencé, seule, sa « grève de l'école
pour le climat » devant le parlement de son pays. Sa revendication,
c'est que le gouvernement suédois réduise[7)] les émissions de 25
dioxyde de carbone, comme prévu par l'accord de Paris[8)].

Depuis, son mouvement s'est répandu dans le monde
entier. Elle a fait la une[9)] de grands magazines : *Time*, *Vogue*… Elle
a participé à la COP24[10)] sur le climat. Elle a parlé à l'ONU[11)], à
l'Assemblée nationale française… 30

Greta Thunberg veut changer le monde et trouver des
solutions à la crise climatique. C'est une personne clivante[12)] :
certains[13)] apprécient sa conviction, son courage, sa ténacité ;
d'autres critiquent sa jeunesse, sa dureté, son pessimisme…

Toutefois, le problème, ce n'est pas Greta Thunberg : c'est 35
le changement climatique ! Il est déjà en train de se produire :
dans le monde, il y a de plus en plus de sécheresses,
d'inondations, de tempêtes…

7) réduise réduire（削減する）の接続法現在形. なぜ接続法になっているか考えてみること.
8) accord de Paris 2015 年の COP21（注 10 参照）で採択された「パリ協定」. アメリカのトランプ大統領は 2017 年に離脱を表明した.
9) Elle a fait la une une は新聞等の「第一面」で, この用法では前の la と母音字省略（エリズィオン）をしない. faire la une で「一面を飾る」.
10) COP24 COP は英語の Conference of the Parties（締約国会議）の略で,「気候変動枠組条約第 24 回締約国会議」.
11) ONU Organisation des Nations Unies（国際連合）の略号.
12) personne clivante clivant は動詞 cliver（分割する, 切り離す）の現在分詞から作られた形容詞.「世論を分割する人物」,「評価の分かれる人」.
13) certains 「ある人たち」の意を漠然と表す不定代名詞. この意味では常に男性形で用いられる.

Exercices »

I 次の形容詞に対応する名詞を書きなさい.

(1) majeur （　　　　　　）　　(2) riche （　　　　　　）

(3) social （　　　　　　）　　(4) grand （　　　　　　）

II 次の各文の動詞を接続法にして（　　　　）内の表現に続けて書きなさい.

(1) Elle réussit à l'examen. (Je souhaite que...)

→

(2) Tu comprends l'urgence du changement climatique. (Je veux que...)

→

(3) Cette nouvelle s'est répandue si vite. (Je suis étonné que...)

→

III 次の要素を並べ替えて文を作りなさい（文頭に来るものも小文字で始めてあります. 平叙文では文末に point をつけること）.

(1) à / ce / doit / l'échelle / mondiale / on / penser / problème

(2) bataille / ce / commence / de / film / par / scène / une

IV 次のフランス語の文がテキストの内容に一致している場合は○を, 一致していない場合は×を ［　］内に記入しなさい.

(1) La situation écologique de l'humanité était déjà urgente quand l'industrialisation a commencé au XIXe siècle. ［　］

(2) Greta Thunberg ne veut plus prendre l'avion parce que sa famille l'en a convaincue. ［　］

(3) Le changement climatique n'est plus un problème à venir puisqu'il commence déjà à se produire dans le monde entier.

［　］

La trottinette électrique

5
cinq

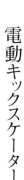
電動キックスケーター

パリなどの大都市では，公共交通機関が発達しているとはいえ，メトロやバスを使っての移動はやはり面倒です．そんな問題を解決する手段として「ヴェリブ」Vélib'（vélo ＝自転車と liberté ＝自由の合成語，2018 年以降は Velib' Métropole）と呼ばれるセルフサービスのレンタル自転車が登場したのは 2007 年のことでしたが，さらに便利な手段として登場したのが「電動キックスケーター」trottinette électrique です．パリでは代表的なレンタルサービスとして Lime，Bird，Bolt，Jump など 10 種類以上があり，移動が楽で手軽に利用できることから急速に普及しましたが，乗り捨ての横行や歩行者との事故の多発が問題となったため，2019 年 9 月には歩道での使用が禁止されるなど，規制も強化されています．

▌▌▌ 読解のヒント ▌▌▌

〈permettre à〜 de ＋動詞の不定法〉という形で「…に…することを可能にする」の意．主語が無生物の場合，訳し方には工夫が必要です．Mon état de santé ne *me permet pas de sortir*.（私の健康状態は私に外出することをできなく，させている→健康状態がすぐれないので私は外出できない）12課の「読解のヒント」も参照のこと．

5 » La trottinette électrique

cinq

Quel est le meilleur moyen pour se déplacer en ville ?

La voiture ? C'est confortable, mais ce n'est pas écologique. Et puis, il y a souvent des embouteillages et on perd du temps.

Les transports en commun ? C'est bien. Mais, ils sont
5 souvent bondés, notamment aux heures de pointe[1] Par ailleurs, ils ne peuvent pas nous transporter de porte à porte[2] ; il faut parfois marcher beaucoup pour aller à l'arrêt de bus ou à la station de métro. Parfois, aussi, ils sont en grève.

Le vélo ? Pour les longs déplacements, il faut être sportif !

10 Alors, certaines personnes utilisent de nouveaux moyens de transport : les EDP, « engins de déplacement personnel[3] ». La trottinette électrique en est un[4]. Depuis quelques années, c'est un véritable phénomène de société en France. De plus en plus de citadins l'utilisent dans leurs déplacements quotidiens.

15 La trottinette électrique est clivante[4-12]. Beaucoup de gens la détestent. Ils pensent que c'est un moyen de transport ridicule pour un adulte. C'est une question de goût[5]... Certains[4-13] l'adorent. C'est vrai qu'elle a beaucoup d'avantages.

. . . .

1) heures de pointe 「ラッシュアワー」. heures d'affluence とも言う.

2) de porte à porte いわゆる「ドア・ツー・ドア」. de porte en porte という表現もあるが, こちらは「家から家へ」の意.

3) les EDP, « engins de déplacement personnel » 「個人的移動器具」. 普通のスケートボードなども含まれるが, 特に電動式の移動手段を指す場合は EDPM (engins de déplacement personnel motorisés) と言う. なお, personnel という形容詞は engins にかけて複数形に置く場合もある.

4) en est un La trottinette électrique est un de ● に続く文の de 以下を人称代名詞 en で取り化形. ここでは en が何を指しているか考えてみること.

5) question de goût 〈question de + 無冠詞名詞〉で「…に関わる問題」. question de temps (時間の問題), question d'argent (お金の問題) など

18

On peut aller n'importe où n'importe quand. On n'est pas dépendant des horaires et des trajets des transports en commun. 20 Elle permet de gagner du temps, car c'est un engin rapide. On peut aller aussi vite qu'à vélo… et sans se fatiguer. À la maison, on peut la ranger facilement ; elle ne prend pas beaucoup de place. Et puis, elle est écologique : elle ne pollue pas.

On peut la transporter facilement : dans l'ascenseur, dans 25 le métro, dans le bus. Donc, on peut combiner plusieurs moyens de transport. La trottinette est bien adaptée à l'intermodalité[6].

Bien sûr, il faut l'acheter, mais ensuite, elle demande peu d'entretien. Ou bien, on peut la louer : il existe des systèmes de trottinettes en libre-service dans plusieurs villes. 30

Normalement, en trottinette[7], on doit rouler sur les pistes cyclables. Le problème, c'est qu'il n'y en a pas partout. Alors, rouler sur les trottoirs, c'est dangereux avec les piétons ; et rouler sur la route, c'est dangereux avec les voitures !

....

6) intermodalité 「インターモダリティ」(複数の交通手段を有効に連携させて利用すること).「複合一貫輸送性」などと訳されることもある. たとえば家から電動スケーターでバス停まで行き, そこからバスでメトロの駅に行って地下鉄に乗り換えるなど.

7) en trottinette 人が上に乗る乗り物の場合はàを用いるのが原則だが, 話し言葉ではenを用いる傾向が強い. à (en) vélo (自転車で) など.

Exercices »

I 次の動詞に対応する名詞を書きなさい.

(1) perdre　（　　　　　　）　　(2) utiliser　（　　　　　　）

(3) fatiguer　（　　　　　　）　　(4) polluer　（　　　　　　）

II 次の各文を，動詞 permettre を用いてほぼ同じ意味の文に書き換えなさい

(1) Grâce aux EDP, on peut se déplacer facilement en ville.

　　→

(2) Grâce à votre conseil, je me suis débrouillé sans difficulté.

　　→

(3) À cause de la grève du métro, il ne peut pas aller à son bureau.

　　→

III 次の要素を並べ替えて文を作りなさい（文頭に来るものも小文字で始めてあります. 平叙文では文末に point をつけること）.

(1) n'importe / on / où / peut / prendre / taxi / un

(2) cette / de / demande / entretien / gros / luxe / un / voiture

IV 次のフランス語の文がテキストの内容に一致している場合は○を，一致していない場合は×を［　］内に記入しなさい.

(1) La trottinette électrique est plus pratique que les transports en commun de divers points de vue. ［　］

(2) Ce n'est pas la peine de se soucier des horaires du métro quand on utilise les EDP en ville. ［　］

(3) La trottinette électrique a le mérite de nous transporter de porte à porte sans danger. ［　］

6 ≫ Anne Hidalgo

six

アンヌ・イダルゴ

日本では女性の政治進出が遅れていると言われますが，世界的に見れば女性リーダーの活躍はめずらしくありません．そのひとりであるアンヌ・イダルゴは，スペイン人の両親とともに 2 歳でフランスに移住，14 歳でフランス国籍を取得し，リヨンとパリの大学で学んだ後，政治・行政のキャリアを積んで 2014 年に初の女性パリ市長に選出されました．気性の激しさから好き嫌いは分かれますが，2020 年 6 月 28 日の選挙では大方の予想通り再選されました．このとき争ったラシダ・ダティとアニエス・ビュザンの 2 人も女性で，前者はモロッコ，後者はポーランドからの移民です．フランス社会が女性や移民に開かれていることの現れでしょう．

┃┃┃ 読解のヒント ┃┃┃

le premier (la première) à + inf. で「…する最初の」という意味を表します．Il est toujours *le premier à* contester.（彼はいつも最初に異議を唱える）この言い方を応用すれば，「…する何番目の」という文を作ることができます．Elle est *la troisième femme à* être nommée administratrice.（彼女は取締役に任ぜられた 3 人目の女性だ）

Jacques Chirac a été le premier maire de Paris. Avant lui, la capitale n'en avait pas ; elle a été administrée par l'État jusqu'en 1977. Depuis, comme dans les autres villes, il y a des élections municipales tous les six ans[1].

5　Les dernières étaient en 2020. Chaque ville a choisi son nouveau maire... ou sa nouvelle maire[2]. À Paris, il y avait plusieurs candidats et candidates. Au premier tour, trois femmes sont arrivées en tête. Anne Hidalgo a obtenu 30 % des voix, Rachida Dati[3], 23 %, et Agnès Buzyn[4], 17 %.

10　Elles représentent trois partis différents qui sont, respectivement, le Parti socialiste (PS), les Républicains (LR) et la République en marche (LREM)[5].

La maire sortante[2-6] de Paris en 2020 était Anne Hidalgo. Elle est née en Andalousie, dans le sud de l'Espagne. Sa famille a
15　immigré en France quand elle était petite.

Elle est devenue maire de Paris en 2014. C'était la première femme à occuper ce poste. Une femme maire de la capitale d'un

---

1) **tous les six ans** 〈tous(toutes) les ＋数詞＋名詞〉で「…ごとに」.

2) **maire** 本来は男性名詞なので，女性市長の場合は Madame *le* maire と言うのが正しいとされるが，Madame *la* maire と言う人も多く，用例は一定しない．ここではそのまま女性名詞として用いられている．なお，mairesse という女性形もあるが，現在はほとんど用いられない．

3) **Rachida Dati** サルコジ政権時代にフランソワ・フィヨン内閣の司法大臣を務め，2008 年からパリ 7 区の区長．

4) **Agnès Buzyn** 保健大臣として新型コロナウイルス対策にあたっていたが，マクロン大統領推薦のバンジャマン・グリヴォー Benjamin Griveaux 候補が猥褻動画の流出事件で出馬を断念したため，急遽，代わりに与党の候補として担ぎ出された．

5) **le Parti socialiste (PS), les Républicains (LR) et la République en marche (LREM)** 「社会党 (PS)」は 1969 年結成．フランソワ・ミッテランやフランソワ・オランドという 2 人の大統領を出した．「共和党 (LR)」はジャック・シラク（第 2 課参照）の共和国連合 Rassemblement pour la République を中心に 2002 年に「大統領多数派連合」Union pour

pays, c'est assez rare… À ce moment-là, moins de 20 % des maires en France étaient[6] des femmes.

L'écologie est un aspect important de la politique d'Anne 20
Hidalgo. Pour développer l'utilisation du vélo à Paris, elle a créé beaucoup de pistes cyclables. Pour lutter contre la pollution atmosphérique, elle a essayé de réduire l'utilisation de la voiture à Paris : elle a fermé des voies rapides[7] au bord de la Seine afin de les piétonniser, elle a interdit les vieux véhicules dans la 25 capitale, par exemple.

La politique de Madame Hidalgo est clivante[4-12]. Certains Parisiens apprécient ses actions en faveur de l'écologie. D'autres la critiquent fortement ; c'est le cas, notamment, de certains automobilistes : ils se plaignent de sa politique anti-voiture ! 30

Certains voudraient qu'Anne Hidalgo soit candidate à l'élection présidentielle de 2022… Pour le moment[8], elle a été réélue maire de Paris ! Elle a des convictions et, malgré les critiques, elle continue son combat pour une ville de Paris plus écologique. 35

. . . .

la Majorité présidentielle として結成，同年「国民運動連合」Union pour un mouvement populaire と改称され，2015 年にさらに現在の名称に改められた．「共和国前進（LREM）」は現大統領のマクロンが 2016 年に結成．

6) **étaient**　主語がパーセントを表わす名詞の場合，動詞の単数・複数はその名詞（ここでは maires）に一致させるのが普通．

7) **voies rapides**　「自動車専用道路」．イダルゴがこれを歩行者用にしたために市内の渋滞が悪化したという不満の声もある．

8) **Pour le moment**　「今のところは」「とりあえず」．

Exercices »

I 次の過去分詞を持つ動詞に対応する名詞を書きなさい.

(1) né   (   )   (2) créé   (   )

(3) essayé (   )   (4) interdit (   )

II 次の各文を, 下線部を問う疑問文にしなさい.

(1) Il a passé ses vacances d'été dans le Midi.

→

(2) Elle est partie à Lyon avec ses parents.

→

(3) L'écologie est l'aspect le plus important de sa politique.

→

III 次の要素を並べ替えて文を作りなさい（文頭に来るものも小文字で始めてあります. 平叙文では文末に point をつけること）.

(1) d'autobus / il y a / les / minutes / quinze / toutes / un service

(2) certains / des / le gouvernement / mesures / par / prises / se plaignent

IV 次のフランス語の文がテキストの内容に一致している場合は○を, 一致していない場合は×を ［ ］内に記入しなさい.

(1) Aux élections municipales de Paris en 2020, Rachida Dati est arrivée en deuxième position au premier tour. ［ ］

(2) Anne Hidalgo, d'origine espagnole, a immigré en France avec sa famille dans son enfance. ［ ］

(3) Des Parisiens critiquent la politique d'Anne Hidalgo parce qu'elle est trop indulgente envers les automobilistes. ［ ］

L214

L214（完全菜食主義団体）

「ヴィーガン」と呼ばれる人々（第4課注6参照）の主張は，単に個々人が動物性の食物を拒否するだけでなく，動物という存在全体の尊厳を守ることにあり，フランスではこれを規定する「農事漁業法」の条文（本文注4参照）から名前をとった「L214」という団体がさまざまな活動を繰り広げています．食用のために牛や豚を殺すことは確かに残酷な行為なのかもしれませんが，一方で長年続いてきた肉食の習慣そのものをなくすことはむずかしく，矛盾はなかなか解消されません．2018年には一部の過激化したヴィーガンたちが仔豚の死骸を持ってパリでデモをおこなったり，各地の精肉店を襲撃したりするという事件も起こっていて，食文化をめぐる対立は今や大きな社会問題となっています．

||| 読解のヒント |||

mieuxという語を使って「…したほうがいい」という意味を表す表現がいろいろあります. *Il est (C'est) mieux de* ne pas sortir.（外出しないほうがいい）；*Il vaut mieux que* tu prennes le métro.（地下鉄に乗ったほうがいいよ）；*Vous feriez mieux de* rentrer chez vous.（帰宅したほうがいいですよ）

Au XXIᵉ⁽¹⁾ siècle, dans beaucoup de pays, manger ou ne pas manger⁽*⁹⁾ les animaux est un débat scientifique, philosophique, sociétal…

D'un côté²⁾, les humains n'ont pas la nécessité de manger de la viande ; d'ailleurs, beaucoup sont végétariens. D'un autre côté, chaque jour, des millions d'animaux sont tués pour être mangés. C'est un paradoxe.

La consommation mondiale de viande a beaucoup augmenté ces dernières décennies⁽⁴⁻⁴⁾. Pour satisfaire la demande, il faut élever et abattre de plus en plus d'animaux : poulets, canards, lapins, cochons…

Malheureusement, les conditions d'élevage et d'abattage sont parfois terribles pour eux. Pourtant, les animaux ne sont pas des machines : ce sont des êtres sensibles. Ils ressentent des émotions, par exemple la peur. Ils ressentent aussi la douleur.

Pour lutter contre la maltraitance animale, certains⁽⁴⁻¹³⁾ ont décidé de prendre la défense de³⁾ ces animaux. C'est le cas de l'association « L214 ». Fondée en 2008, son nom vient de l'article L214 du *Code rural et de la pêche maritime*⁴⁾ français. Les animaux y sont désignés comme « des êtres sensibles ». Le nom complet de

1) XXIᵉ 読み方は vingt et unième (新綴り字では vingt-et-unième).
2) d'un côté~, d'un autre côté~ 「一方では…, 他方では…」. 第12課の注4も参照のこと.
3) prendre la défense de~ 「…を擁護する」.
4) *Code rural et de la pêche maritime* 「農事漁業法」, ナポレオン時代に「農事法」code rural として構想され, 第三共和政下の1881年に初めて法制化された. 現在の内容と名称になったのは2010年からで, そのL214条には «Tout animal étant un être sensible doit être placé par son propriétaire dans des conditions compatibles avec les impératifs biologiques de son espèce.» と書かれている.

cette association est « L214 éthique et animaux ».

Souvent, le grand public n'a pas connaissance de[5] la maltraitance animale dans certains élevages et abattoirs. Pour la dénoncer, l'association L214 enquête et diffuse des vidéos d'animaux maltraités. Ces images sont difficiles à regarder ; 25 parfois, elles sont choquantes. Mais, malheureusement, ce sont des images bien réelles !

Ces images sont reprises par divers médias, par exemple des journaux télévisés de grandes chaînes de télévision.

Idéalement, L214 voudrait que les consommateurs 30 changent[6] leurs habitudes alimentaires : qu'ils mangent moins de viande, qu'ils n'achètent pas de viande provenant d'élevages intensifs, etc. Également, l'association voudrait que la loi protège plus les animaux.

Cette association est de plus en plus connue et populaire. 35 Elle nous oblige à[7] réfléchir à plusieurs problématiques sociétales : les droits des animaux, notre consommation de viande… Mais aussi, le futur de la planète…

En effet, à cause de l'urgence écologique, il serait mieux de changer nos habitudes de production et de consommation de viande. 40

5) n'a pas connaissance de〜 〈avoir connaissance de〜〉で「…を知っている」の意の熟語.

6) changent vouloir que〜の後なので接続法現在形. 以下の mangent, achètent, protège も同様.

7) Elle nous oblige à〜 〈obliger qn. à + inf.〉で「人に…するよう強いる」. 受動態で用いる場合は〈être obligé de + inf.〉と前置詞が変わるので注意.

Exercices »

I 次の名詞に対応する動詞を書きなさい.

(1) débat　　（　　　　　） (2) défense　（　　　　　）

(3) connaissance（　　　　　） (4) production（　　　　　）

II 次の各文を（　　　）内の名詞を用いてほぼ同じ意味の文に書き換えなさい.

(1) Ce n'est pas la peine que vous apportiez les documents. (nécessité)

→

(2) Tous les étudiants sont obligés de s'inscrire au cours d'été. (devoir)

→

(3) Il est interdit de fumer dans le salon. (droit)

→

III 次の要素を並べ替えて文を作りなさい（文頭に来るものも小文字で始めてあります. 平叙文では文末に point をつけること）.

(1) connaissance / de / douleur / ma / mes / n'ont / parents / pas

(2) à / de / différentes / il / mieux / possibilités / réfléchir / serait

IV 次のフランス語の文がテキストの内容に一致している場合は○を, 一致していない場合は×を [ ] 内に記入しなさい.

(1) L'association L214 demande d'arrêter toute maltraitance animale parce que les animaux sont aussi des êtres sensibles. [ ]

(2) Les vidéos d'animaux maltraités sont parfois si mal faites que l'on a des difficultés à les regarder. [ ]

(3) Le souhait de l'association L214 est de changer les habitudes alimentaires des consommateurs. [ ]

28

Le *vrai* camembert

本物のカマンベール

フランスといえばチーズとワインと言われるほど，チーズは食卓に欠かせない食品です．それだけに種類も多く，フランスを指すのに「300種類のチーズの国」pays aux 300 fromages という言い方があるほどです．中でも最も有名なのが，ノルマンディー地方で生産される「カマンベール」でしょう．クリーミーな味わいは日本人にも親しみやすいので，口にしたことのある人も多いのではないでしょうか．しかし有名になり過ぎたせいか，近年はこの呼称がフランスのみならず世界中で使われるようになり，「本物の」カマンベールが危機に瀕しているようです．日本でも「本家」とか「元祖」といった言い方がありますが，生産地の正統性をめぐる問題は世界じゅう共通なのかもしれません．

||| **読解のヒント** |||

人称代名詞のenが前出の名詞を受けるとき，名詞にかかる数詞・形容詞・数量副詞等の要素は文中に残すことに注意．J'ai acheté une robe blanche.（私は白いドレスを1着買った）→ J'*en* ai acheté *une blanche*. / Il y avait une centaine de personnes sur la place.（広場には100人ほどの人がいた）→ Il y *en* avait *une centaine* sur la place.

---

8 >> Le *vrai* camembert

huit

Les Français sont parmi les plus gros consommateurs de fromage dans le monde. C'est un aliment très important dans la gastronomie et la culture françaises.

Dans un repas quotidien, à la maison ou au restaurant, il y a une entrée, un plat principal et un dessert. Très souvent, il y a aussi du fromage. La plupart des Français en mangent[1] presque tous les jours. Il en existe[2] des centaines de variétés.

La France a plusieurs symboles gastronomiques, la baguette par exemple. Il y a aussi le camembert. En effet, quand on dit « camembert », ne pense-t-on pas immédiatement à la France ? C'est l'un des fromages préférés des Français.

Le nom du fromage camembert vient de celui de Camembert[3], un petit village en Normandie. C'est là que ce fromage est né au XVIIIe siècle.

Le problème, c'est que l'appellation « camembert » n'a pas été protégée. Autrement dit[4], la plupart des fromages appelés « camembert » en France et dans le monde ne ressemblent pas du tout au camembert originel[5]. Ils sont bons, peut-être, mais

....

1) La plupart des Français en mangent 〈la plupart de＋複数名詞〉が主語の場合, 動詞は複数形.

2) Il en existe 〈il existe～〉は「…がある」の意の非人称構文で, il y a～よりも文語的. ここで en は何を受けているか, 考えてみること.

3) Camembert フランス革命中の 1791 年頃, マリー・アレル Marie Harel という農婦がこの村で製法を確立したとされるが, チーズそのものはそれ以前から近隣の村で作られていたという.

4) Autrement dit 「別の言い方をすれば」「言い換えれば」

5) originel 「本来の」. original (独創的な) とは, ニュアンスが異なるので注意.

30

ce ne sont pas de *vrais* camemberts.

Le *vrai* camembert, c'est le « camembert de Normandie ». 20
Protégé par une AOP[6], il est fabriqué avec des ingrédients et
une technique très stricts[7] : avec du lait cru[8] et en le moulant à
la louche[9]. C'est essentiel pour la qualité de ce fromage.

Le camembert au lait cru de Normandie représente moins
de 5 % des camemberts fabriqués en France. C'est très peu. Et 25
ces dernières années, il était en danger !

En effet, les industriels de l'agroalimentaire[10] demandaient
qu'un camembert puisse[11] s'appeler « camembert de
Normandie » et bénéficier de l'AOP même s'il est fabriqué avec
du lait pasteurisé. Bien sûr, le goût est totalement différent de 30
celui d'un camembert fabriqué avec du lait cru !

Heureusement, cette demande a été rejetée. Seuls les
camemberts de Normandie, fabriqués de façon traditionnelle et
avec du lait cru local peuvent utiliser l'AOP « camembert de
Normandie ». Le *vrai* camembert est sauvé ! Pour le moment[(6-8)]… 35

---

6) AOP appellation d'origine protégée（原産地保護名称）の略. フランスでは AOC
   (appellation d'origine contrôlée, 原産地統制名称) が一般的に用いられていたが, EU が
   1992 年に AOP という共通の呼称を採用したのにあわせて, 2012 年以降, ワイン以外の農産物
   についてはこちらを用いるようになった.
7) stricts 男性複数形なので « des ingrédients et une technique » 全体にかかる.
8) lait cru 後出の lait pasteurisé（低温殺菌処理した牛乳）に対して,「（加工していない）生乳」.
9) en le moulant à la louche mouler à la louche（柄杓を使って型にはめる）のジェロンディ
   フに le lait cru を受ける直接目的語人称代名詞の le が入った形.〈à la louche〉は「大量に」
   の意の熟語としても用いられることがあるが, ここでは文字通りの意味.
10) agroalimentaire 「農業」を表す接頭語の agro- と「食品の」alimentaire の合成語で,「農
   産物加工業（の）」.
11) puisse 〈demander que ～〉の後は動詞が接続法に置かれる.

Exercices »

I 次の動詞に対応する名詞を書きなさい.

    (1) préférer   (   )   (2) protéger   (   )

    (3) ressembler (   )   (4) bénéficier (   )

II 次の各文の下線部を c'est ～ で強調した形にして書き換えなさい.

    (1) Le vrai camembert est fabriqué <u>avec du lait cru</u>.

        →

    (2) On devient forgeron <u>en forgeant</u>.

        →

    (3) <u>Tu</u> as voulu manger du fromage au dîner.

        →

III 次の要素を並べ替えて文を作りなさい(文頭に来るものも小文字で始めてあります. 平叙文では文末に point をつけること).

    (1) aussi / celle / chère / de / est / ma voiture / Pierre / que

    (2) cette université / de / des / les femmes / professeurs / 40 % / représentent

IV 次のフランス語の文がテキストの内容に一致している場合は○を, 一致していない場合は×を [ ] 内に記入しなさい.

    (1) La baguette est l'un des symboles gastronomiques de la France, comme le camembert. [ ]

    (2) La qualité du vrai camembert est assurée par la rigueur de ses ingrédients et de sa technique de fabrication. [ ]

    (3) Il existe des camemberts fabriqués avec du lait pasteurisé qui peuvent bénéficier de l'appellation « camembert de Normandie ». [ ]

Le manque de sommeil

9
neuf

睡眠不足

授業中居眠りしている学生を見かけることは昔も今もめずらしくありませんが，現代の若年層の慢性的な睡眠不足には特有の原因があるようです．ある調査によれば，フランスでは12歳から17歳の41%，18歳から24歳の62%が，週21時間以上（毎日平均3時間以上）インターネットを利用しているとのこと（2018年度）．40歳から59歳の層では19%，60歳から69歳の層ではわずか7%ですから，これは目立った数字と言わなければなりません．日本でもたぶん事情はあまり変わらないでしょう，スマホやタブレットは今や欠かせない情報ツールですから，その画面を見る時間が長くなるのは仕方のないことかもしれませんが，そのせいで健全な睡眠時間が確保できないようでは本末転倒です．

||| 読解のヒント |||

動詞の不定法をそのまま名詞と同じように使うことができます．*Vivre* librement est un des droits naturels. （自由に生きることは自然権のひとつだ）; *Vouloir*, c'est *pouvoir*. （諺：欲すれば通ず）; *Être* ou *ne pas être*, voilà la question. （生きるべきか生きざるべきか，それが問題だ）

9 » Le manque de sommeil

neuf

Les étudiants doivent aller en cours, ils doivent faire leurs devoirs. Pour certains[4-13], les temps de trajet entre le domicile et l'université sont longs. Également, beaucoup travaillent à côté de leurs études. Et puis, ils ont mille et une[1] autres activités...

5　Bref, ils sont très occupés.

Alors, pour gagner du temps, beaucoup d'étudiants réduisent leur temps de sommeil. Ils s'endorment tard, et ce[2], même s'ils doivent se lever tôt le lendemain. Donc, ils ne dorment pas assez. Par ailleurs, beaucoup d'étudiants dorment

10　mal, pour diverses raisons – à cause du stress, par exemple.

Ainsi, la plupart des étudiants manquent[8-1] de sommeil. Et pendant la journée, ils sont fatigués. Alors, ils sont moins concentrés en cours, ils écoutent moins bien le professeur... Donc, ils apprennent moins bien. Ne pas dormir suffisamment,

15　c'est mauvais pour les études.

Une des raisons de leur manque de sommeil, c'est la dépendance à Internet[3-2] et aux écrans. Smartphone, tablette, ordinateur : pour beaucoup d'entre eux[3], se coucher ne veut pas forcément dire dormir.

....

1) **mille et une**　新綴り字では mille-et-une. 数字としての 1001 は mille(-)un と綴るが，後に名詞が来る場合は et を入れることが多い. ここでは正確な数字を表すのではなく，単に「多くの」の意.

2) **et ce**　前文を受けて「しかも」「それも」の意を表す熟語. 多くは前後に virgule « , » が置かれる.

3) **beaucoup d'entre eux**　〈d'entre ＋ 人称代名詞強勢形〉で「…の中で」「…のうち」. beaucoup の後に人称代名詞の補語形が来る時はこの用法を使う.

4) **Une fois ~**　過去分詞や場所を表す副詞句を伴って「ひとたび…すると」

34

Une fois[4] dans leur lit, ou dans leur futon[5], ils surfent sur Internet, vont sur les réseaux sociaux[6], téléphonent à des amis… Et parfois, ils mettent longtemps avant d'éteindre la lumière… L'utilisation des écrans avant de dormir réduit le temps de sommeil, bien sûr, mais elle altère aussi sa qualité.

Alors, comment faire[7] pour bien dormir ?

Il est recommandé de faire du sport[8], plutôt pendant la journée. Le soir, pour évacuer le stress et mieux dormir, on peut faire de la méditation ou du stretching, par exemple. Bien sûr, c'est mieux de[(*7)] ne pas regarder d'écran[9] avant de dormir. À la place, on peut faire de la lecture… sur un livre papier[10] !

Quand on est jeune, on pense souvent que dormir, c'est gaspiller du temps. Au contraire : bien dormir permet de bien profiter des journées.

Selon les personnes, nous avons besoin de sept à neuf heures de sommeil par nuit. Eh oui, dormir est une activité très importante : nous dormons un tiers de notre vie !

---

5) futon　フランス語に入った日本語のひとつ. tatami, tofu, manga, sushi など, 類似の例は他にも数多い.

6) réseaux sociaux　いわゆる SNS (social networking service) に当たるフランス語. ただし, 英語では SNS とは言わず, social media と言う.

7) comment faire　〈疑問詞＋動詞の不定法〉で疑問文になる.

8) faire du sport　スポーツや芸術活動を「する」という意味で用いられる faire の直接目的語には原則として部分冠詞がつく. 同じパラグラフの de la méditation, du stretching, de la lecture なども同様.

9) ne pas regarder d'écran　« regarder un écran » を ne pas で否定しているので, 不定冠詞の un が de に変わっている.

10) livre papier　「(電子ブックではない) 紙の本」. papier という名詞を形容詞的に用いている.

Exercices »

I 本文中で用いられている次の語の反対語（意味の上で対になる語）を書きなさい.

(1) occupé （　　　　　　） 　 (2) gagner （　　　　　　）

(3) éteindre （　　　　　　） 　 (4) qualité （　　　　　　）

II 次の各文を（　　　　）内の動詞を用いてほぼ同じ意味の文に書き換えなさい.

(1) Elle ne se repose pas suffisamment.　(manquer)

→

(2) Il a fallu trois heures pour qu'il finisse ce travail.　(mettre)

→

(3) Quelle est la signification de ce mot grec ?　(vouloir)

→

III 次の要素を並べ替えて文を作りなさい（文頭に来るものも小文字で始めてあります. 平叙文では文末に point をつけること）.

(1) demain / dois / je / lever / matin / me / très / tôt

(2) endormi / fois / il / le canapé / s'est / sur / tombé / une / ,

IV 次のフランス語の文がテキストの内容に一致している場合は○を, 一致していない場合は×を ［　］ 内に記入しなさい.

(1) C'est à cause du manque de sommeil que les étudiants ne peuvent pas travailler à côté de leurs études. ［　］

(2) Beaucoup d'étudiants continuent de regarder leur smartphone même après s'être couchés. ［　］

(3) Faire du sport dans la journée est un des moyens efficaces pour passer la nuit sans dormir. ［　］

10 dix ≫ **Kenzo**

ケンゾー

　ファッションの本場パリで活躍する日本人デザイナーは少なくありませんが，高田賢三はその先駆者的な存在です．若くして単身フランスに渡航した彼は，1970 年に初コレクションを発表して以来，鮮やかな色彩感覚と大胆な異文化融合によってたちまち話題を呼び，その地位を確立しました．「エコール・ド・パリ」École de Paris の画家たちをはじめとして，昔から多くの外国人芸術家を受け入れてきたパリは，ファッションに関しても開かれた都市で，実力さえあれば出身国はほとんど問題になりません．じっさい，Kenzo が日本人の創設したブランドであることを意識する人はほとんどいないでしょう．まさに，「ファッションに国境はない」のです．

> ┃┃┃ **読解のヒント** ┃┃┃
>
> 　本文の第 2 段落以降は，過去のことでも現在形で書かれています．これは過去のできごとを生き生きと表現するために用いられる「(歴) 史的現在」présent historique と呼ばれる文体で，第3課 (黄色いヴェスト運動) の章でも見られました．この用法は英語でもしばしば見られます．

Kenzo Takada est un styliste japonais. Il est probablement plus connu en France qu'au Japon. Ce n'est pas étonnant, car c'est à Paris qu'il a passé la plus grande partie de sa vie. Surdoué de la mode, célèbre dans le monde entier, il est le fondateur de
5 sa marque éponyme[1) : « Kenzo ».

Né à Himeji en 1939, Kenzo Takada est attiré par la mode, dès son enfance, en lisant les magazines féminins de ses sœurs. Après le lycée, il veut intégrer[2) une école de mode. Malheureusement, à cette époque-là, elles sont interdites aux
10 garçons.

Cependant, alors qu'il commence des études d'anglais à l'université à Kobe, il apprend qu'une école de mode à Tokyo est devenue mixte. Quel coup de chance[3) ! Il abandonne sur-le-champ ses études à l'université et décide d'intégrer l'école
15 Bunka Fashion College[4). Pour un garçon, à la fin des années 1950, au Japon, c'est une décision audacieuse.

Après sa formation, il travaille cinq ans à Tokyo. Puis, il prend une autre décision audacieuse : s'installer à Paris. Pourquoi Paris ? Parce qu'à cette époque-là, c'est la capitale

---

1) marque éponyme 「創始者の人名にちなんだブランド」.
2) intégrer 他動詞として「(ある分野に) 加わる，入る」．フランスでは特にグランド・ゼコール grandes écoles に合格することを指すが，ここでは普通に「入学する」の意．ただし，最後から2番目のパラグラフでは別の意味で用いられているので注意．
3) coup de chance 「幸運」「まぐれ当たり」．
4) Bunka Fashion College 文化服装学院.

mondiale de la mode. Il a vingt-cinq ans et il voyage de 20
Yokohama à Marseille, en bateau.

Au début, la vie parisienne n'est pas facile pour lui : il a
peu d'argent, il ne connaît personne, Paris lui paraît[5] sombre…
Mais il persévère. Et, petit à petit, il intègre le milieu de la mode
parisienne.   25

À cette époque-là, la mode à Paris est assez classique, avec
des coupes et des couleurs plutôt neutres. Le style Kenzo est
complètement différent.

Il ouvre sa première boutique et fait son premier défilé[6]
en 1970. Il aime les couleurs vives. Il intègre des motifs japonais 30
dans ses vêtements. Il mélange les influences orientales et
occidentales. C'est très audacieux, complètement nouveau !
Rapidement, il rencontre le succès.

Après trente ans de gloire, il vend sa marque à LVMH[7].
Retraité, il pense se reposer, mais impossible pour lui de rester 35
inactif. Il commence alors de nouvelles vies artistiques :
joaillerie, peinture, design…

Le 4 octobre 2020, Kenzo Takada décède à cause de la Covid-19.

---

5) **connaît, paraît**　新綴り字ではそれぞれ connait, parait.
6) **défilé**　本来は「行列」「行進」の意だが，ここではモデルたちが列になって歩く「ファッション・ショー」.
7) **LVMH**　ファッションブランドのルイ・ヴィトン Louis Vuitton と，シャンペン及びコニャックを扱うモエ・ヘネシー Moët Hennessy が 1987 年に合併してできた世界最大のファッション業界コングロマリット（複合企業体）．Kenzo 以外にも，セリーヌ Céline，クリスチアン・ディオール Christian Dior，ジヴァンシー Givenchy など，60 近い高級ブランドを傘下におさめている．

Exercices »

I 次の動詞の過去分詞を書きなさい.

    (1) lire   (   )   (2) apprendre (   )

    (3) paraître (   )   (4) vendre   (   )

II 次の各文の下線部を指示に従って書き換えなさい.

    (1) Il parle tout le temps <u>quand il boit du vin.</u>(ジェロンディフを用いて)

    →

    (2) Tu me téléphoneras <u>en arrivant à l'aéroport.</u>(quand で始まる節に)

    →

    (3) <u>En vous dépêchant un peu,</u> vous pourrez attraper le train de 10 heures. (si で始まる節に)

    →

III 次の要素を並べ替えて文を作りなさい（文頭に来るものも小文字で始めてあります. 平叙文では文末に point をつけること）.

    (1) a pris / avec / de / il / la décision / Marie / se marier

    (2) aux / cette / de / école / garçons / interdite / mode / n'est / pas

IV 次のフランス語の文がテキストの内容に一致している場合は○を，一致していない場合は×を [ ] 内に記入しなさい.

    (1) Kenzo Takada est entré dans une école de mode à Tokyo après avoir terminé ses études universitaires à Kobe. [   ]

    (2) Au début de sa vie parisienne, Kenzo Takada n'avait pas assez d'argent pour intégrer le milieu de la mode. [   ]

    (3) Le succès de Kenzo Takada est dû à son style audacieux et complètement différent de celui de la mode parisienne traditionnelle. [   ]

Le coronavirus

コロナウイルス

2020 年の初頭から急速に感染が広がって世界中を大混乱に陥れた新型コロナウイルスは，フランスにも深刻な打撃をもたらしました．2 か月近くにわたる外出禁止令など，日本よりも遥かに厳しい措置がとられたにもかかわらず，2020 年 7 月末の時点で死者は 30,000 人を超え，日本の 30 倍以上に達しています．しかしその一方で医療従事者への感謝の輪が広がるなど，人々の連帯が強まる機運が生まれたことは，危機の渦中にあって希望を抱かせるできごとでした．この教科書が皆さんの手もとに届くころにどのような状況になっているかはまったく予想がつきませんが，未曽有の災禍をきっかけに世界中の人類が団結し，平穏な生活を取り戻す日が少しでも早く訪れることを願わずにはいられません．

||||読解のヒント||||

depuis には，開始の「時点」を示す用法と継続中の「期間」を示す用法があります．Il habite ici *depuis le mois dernier.*（彼は先月からここに住んでいる）；J'apprends le français *depuis deux ans.*（私は 2 年前からフランス語を習っている）また，空間的な意味で用いられる場合もあります．On voit la mer *depuis cette fenêtre.*（この窓から海が見える）

11 » Le coronavirus

Depuis le début de l'année 2020, une crise sanitaire bouleverse le monde. C'est la plus grande, sans doute, depuis celle de la grippe espagnole[1], il y a un siècle. Cette crise sanitaire est liée au SARS-CoV-2[2].

5 Ce coronavirus, inconnu jusqu'alors, provoque une maladie qui n'existait pas encore et que l'OMS[3-10] a appelée Covid-19[3-10].

Sa période d'incubation[3] peut durer deux semaines. Pendant cette durée, la contagion est possible. Autrement dit[8-4], une personne malade peut contaminer d'autres personnes avant 10 d'avoir elle-même des symptômes. Par ailleurs, une personne peut avoir la Covid-19 sans avoir de symptômes.

Ainsi, cette maladie est sournoise, et ce coronavirus, très dangereux[4] : sans dépistage massif de la population, il peut se propager rapidement. C'est ce qui s'est passé : trois mois après 15 sa découverte, nous sommes passés d'une épidémie à une pandémie[5].

La Covid-19 a chamboulé la vie sur toute la planète. L'Europe a été particulièrement touchée. Au printemps 2020, les pays européens qui comptaient le plus de cas de coronavirus 20 étaient le Royaume-Uni[6], l'Espagne, l'Italie et la France.

1) **grippe espagnole** スペイン風邪. 第一次世界大戦中の 1918 年に流行が始まり, 1920 年末までに推定で当時の世界人口の 4 分の 1 に当たる 5 億人が感染, 死者も 2000 万人から 5000 万人 (最近の説では 1 億人) と推計されている.

2) **SARS-CoV2** SARS (英語の severe acute respiratory syndrome の略号, 重症急性呼吸器症候群) を引き起こすウイルスが SARS-CoV で, その姉妹種として国際ウイルス分類委員会がこう命名した. フランス語では coronavirus 2 du syndrome respiratoire aigu sévère と言う.

3) **période d'incubation** 「(病気の) 潜伏期」. 単に incubation とも言う.

4) **Ce coronavirus, très dangereux** « , » の箇所に動詞が省略されていることに注意.

Face à cette situation, le président français, Emmanuel Macron, a annoncé un confinement obligatoire de la population à partir du 17 mars. Il a duré jusqu'au 11 mai.

Les Français ont donc été confinés chez eux pendant cinquante-cinq jours. Il était interdit de sortir sauf pour des 25 motifs précis : aller au travail si on ne pouvait pas télétravailler[7], faire des courses, aller chez le médecin… Pour chaque sortie, une attestation était nécessaire. En cas de sortie injustifiée, l'amende était de[8] cent trente-cinq euros, deux cents en cas de récidive. Plus d'un million d'amendes ont été données par les 30 forces de l'ordre[3-7]…

Bien entendu, les rassemblements étaient interdits, et la plupart des entreprises, des commerces et des lieux de loisirs étaient[8-1] fermés.

La période du confinement était difficile, mais il y a eu des 35 aspects positifs, comme la solidarité entre les gens. Par exemple, pour remercier les personnels soignants, de nombreux Français les applaudissaient depuis leurs fenêtres ou leurs balcons, tous les soirs, à vingt heures

---

5) d'une épidémie à une pandémie　épidémie は一般に「伝染病の流行」を指し，pandémie はそれが拡大して人口の全体に及んだ「汎流行」状態を指す.

6) Royaume-Uni　英語の United Kingdom（連合王国）の仏語訳. Angleterre（イングランド），pays de Galles（ウェールズ），Écosse（スコットランド），Irlande du Nord（北アイルランド）から成る.

7) télétravailler　télé（遠隔で）＋ travailler（仕事をする）→「テレワークする」. ちなみに「オンライン授業」は cours en ligne, 遠隔授業は cours à distance と言う.

8) l'amende était de...　〈être de＋数〉で「……の数になる」.

Exercices »

I 次の動詞に対応する名詞を書きなさい.

    (1) contaminer　(　　　　　　　)　(2) propager　(　　　　　　　)

    (3) fermer　　　(　　　　　　　)　(4) applaudir　(　　　　　　　)

II 次の各文を指示に従って書き換えなさい

    (1) Cette maladie se propage rapidement.（複合過去形にして）

      →

    (2) L'Europe a été particulièrement touchée par la Covid-19.
    （能動態にして）

      →

    (3) Ils ont été confinés chez eux pendant quinze jours.
    （主語を elles にして）

      →

III 次の要素を並べ替えて文を作りなさい（文頭に来るものも小文字で始めてあります. 平叙文では文末に point をつけること）.

    (1) à / avant / de / lave-toi / les mains / table / te mettre

    (2) besoin / cas / de / en / m'appeler / pouvez / vous

IV 次のフランス語の文がテキストの内容に一致している場合は○を，一致していない場合は×を［　］内に記入しなさい.

    (1) Il y a un siècle, la grippe espagnole a causé une grande crise sanitaire liée au SARS-CoV-2.［　］

    (2) Au printemps 2020, la France était un des quatre pays européens les plus touchés par la Covid 19.［　］

    (3) Pendant la période du confinement, il était interdit aux Français d'aller au travail sans attestation justifiant leur sortie.［　］

12
douze

L'interdiction des téléphones portables à l'école

学校での携帯電話禁止

電話やメールだけでなく，ネット情報や地図の検索，写真や動画の撮影・閲覧，画面での読書やゲーム，そして店頭での決済にいたるまで，多彩な機能を搭載したスマートフォンは，今や世界中の人々にとって欠かせないアイテムとなった感があります．日本でも，電車に乗って周囲を見渡してみると，大半の乗客がスマホの画面とひたすら向き合っているのが当たり前の光景となりました．下手をすると「スマホ依存症」にもなりかねないこの傾向は，特に若年層を中心に近年急速に広がっています．フランスでは学校に携帯電話を持ち込むことを禁じる法律が2018年に可決されましたが，その実効性には疑義が呈されているようです．

||| 読解のヒント |||

　〈empêcher～de ＋動詞の不定法〉で「…が…できないようにする」の意．5課の「読解のヒント」でとりあげたpermettreの逆の意味になりますが，～の部分が直接目的語になる点が違うので注意してください．La tempête nous *a empêchés de* partir.（嵐のせいで私たちは出発できなかった）

12 » L'interdiction des téléphones portables à l'école

La majorité des adolescents et beaucoup d'écoliers possèdent un téléphone portable. Souvent, c'est un smartphone. Et bien sûr, ils l'emportent à l'école. Pour les parents, c'est rassurant de pouvoir contacter leur enfant n'importe quand. On le[3-6] comprend.

5 Cependant, la présence des smartphones à l'école pose beaucoup de problèmes. Par exemple, pendant les cours, certains élèves le consultent… et n'écoutent pas le professeur. Dans la cour, il y a des incivilités[1] à cause des smartphones, des vols aussi…

En France, en 2018, une loi sur l'interdiction des
10 téléphones portables à l'école a été votée[2]. C'était une des promesses d'Emmanuel Macron lors de sa campagne présidentielle en 2017.

Selon cette loi, dans les écoles primaires et les collèges, l'interdiction est générale : l'utilisation du téléphone portable est
15 interdite tout le temps. Cependant, des exceptions sont possibles, pour des utilisations pédagogiques dans la classe, par exemple.

Dans les lycées, il n'y a pas d'interdiction générale. C'est le règlement intérieur de chaque lycée qui fixe les conditions d'utilisation du téléphone portable.

20 Cette loi est critiquée. Certains[4-13] disent qu'elle ne change pas grand-chose[3]. C'est vrai. D'une part[4], dans la plupart des collèges, le règlement intérieur interdisait *déjà* l'utilisation du

....

1) incivilités　単数形は「礼儀を欠くこと」「無作法」. 複数形はそうした具体的な行為・言動を指す.
2) a été votée　voter は自動詞としては単に「投票する」の意だが, 他動詞として用いられる場合は「可決する」の意になる.
3) pas grand-chose　否定形でのみ用いられ, 「大したもの（こと）は…ない」の意.
4) d'une part ～, d'autre part ～　「一方では…, 他方では…」. 第7課の注2も参照のこと.

téléphone portable. D'autre part, cette loi n'est pas vraiment nouvelle : une loi datant de[5] 2010 interdisait *déjà* l'utilisation des téléphones portables « durant toute activité d'enseignement[6] » 25 dans les écoles primaires et les collèges.

Une majorité de Français est d'accord avec l'interdiction du téléphone portable à l'école. Mais, concrètement, comment empêcher les élèves de l'utiliser ?

Une possibilité, c'est de confisquer les téléphones quand 30 les élèves arrivent dans leur établissement scolaire le matin, et de le leur rendre le soir. Mais cela prend beaucoup de temps... Et puis, les élèves sont ingénieux ! Ils pourraient simplement donner un vieux téléphone et garder avec eux celui qu'ils utilisent habituellement... 35

Bref, cette loi est difficile à faire respecter[7] : il est impossible de surveiller chaque élève tout le temps.

Alors, la solution, c'est peut-être de faire confiance aux élèves[8]. Bien utilisé, le smartphone est un outil merveilleux, y compris[*3] pour l'éducation. 40

---

5) datant de 〈dater de 〜〉で（時期が）「…に始まる」「…にさかのぼる」

6) « durant toute activité d'enseignement » この部分は 2010 年の法律の条文からの引用.

7) faire respecter 〈faire ＋動詞の不定法〉で使役を表す用法. ここでは前の cette loi が直接目的語になっているので,「生徒たちに尊重させる」と言いたい場合は « 〜 aux élèves » と間接目的語にする.

8) faire confiance aux élèves 〈faire confiance à 〜〉「…を信頼する」

Exercices »

I 次の動詞に対応する名詞を書きなさい

    (1) posséder （   ）   (2) comprendre （   ）

    (3) empêcher （   ）   (4) surveiller   （   ）

II 次の各文を（   ）内の語を主語にして他役を表す文に書き換えなさい.

    (1) Mon fils viendra ce soir. (je)

      →

    (2) Les étudiants respectent l'horaire des cours. (les professeurs)

      →

    (3) Son secrétaire a établi cette liste. (le directeur)

      →

III 次の要素を並べ替えて文を作りなさい（文頭に来るものも小文字で始めてあります. 平叙文では文末に point をつけること）.

    (1) cathédrale / cette / date / du / gothique / siècle / XIIIe

    (2) de / empêcher / faut / il / les enfants / le soir / sortir

IV 次のフランス語の文がテキストの内容に一致している場合は○を，一致していない場合は×を［ ］内に記入しなさい.

    (1) C'est Emmanuel Macron qui a interdit pour la première fois les téléphones portables dans les écoles primaires et les collèges. ［ ］

    (2) En France, dans les lycées, les conditions d'utilisation du téléphone portable dépendent du règlement intérieur. ［ ］

    (3) Même si l'on confisque les téléphones portables aux élèves quand ils arrivent à l'école le matin, ils peuvent en avoir plus d'un. ［ ］

13 » République et monarchie

treize

共和制と君主制

エマニュエル・マクロン

18世紀末の大革命によって長期にわたるブルボン王朝の支配に終止符を打った
フランスは，その後第一共和政，第一帝政，復古王政，七月王政，第二共和政，
第二帝政とめまぐるしく政体を変化させましたが，1875年以降は第三共和政が長く
続き，1946年からの第四共和政を経て，1958年には第五共和政となって今日に至り
ます（ちなみに日本語の「共和制」と「共和政」はほとんど区別なく用いられますが，
ここでは前者を一般的な政治制度，後者を個々の国家の政治体制という意味で書き
分けてあります）．しかし第五共和政の大統領にはかつての国王にも比せられる絶大
な権限が付与されているため，これを改めるべきと主張する人々も少なくありません．

---|||**読解のヒント**|||---

république（共和制）が複数の人間に統治権がある政治体制を指すのに対し，唯一の人
物が国を統治するのがmonarchie（君主制）で、その人物がroi（王）である場合がroyauté
（王政），empereur（皇帝）である場合がempire（帝政）です．日本の天皇はempereurで
すが，政治体制はmonarchie constitutionnelle（立憲君主制）です．

13 » République et monarchie

Selon les pays, les régimes politiques diffèrent. Certains sont des monarchies. En Europe, on peut citer le Royaume-Uni[11-6] et la Belgique, par exemple.

Il y a des nuances entre les notions de « monarchie / monarchisme / monarque » et celles de « royauté / royalisme / roi ». Mais, souvent, dans l'usage, en français, on utilise indistinctement ces mots.

Dans une monarchie, le roi (ou la reine) peut avoir des pouvoirs, comme en Belgique, ou bien seulement des fonctions de représentation, comme au Royaume-Uni. L'idéologie politique qui correspond à la monarchie, c'est le monarchisme.

La France a longtemps été une monarchie. Encore aujourd'hui, il y a quelques royalistes en France. D'ailleurs, dans l'hypothèse du rétablissement de la monarchie, il y a deux prétendants principaux au trône : Jean d'Orléans et Louis de Bourbon[1].

En effet, pour des raisons historiques et généalogiques différentes, chacun affirme qu'il est l'héritier de la couronne de France. Ils sont rivaux et ils ont chacun leurs partisans.

Ainsi, non seulement les royalistes en France sont peu

---

1) **Jean d'Orléans et Louis de Bourbon** 前者はブルボン家の分家にあたるオルレアン家の当主で，ジャン 4 世を名乗る．後者はスペイン・ブルボン家（ボルボン家）の一族として，ルイ 20 世を名乗る．

2) **Hexagone** 「6 角形」はその形状から，フランス本土の言い換えとしてよく用いられる．

nombreux, mais ils sont aussi divisés. Le retour de la monarchie dans l'Hexagone[2] est donc improbable. D'ailleurs, globalement, les Français y sont opposés.

Le régime politique actuel de la France, c'est la Ve République[3]. Ce régime est parfois critiqué car il donne une trop grande importance au président de la République. D'ailleurs, certains présidents français sont qualifiés d'« hyperprésidents[4] », car ils s'occupent de tout.

Or, officiellement, le président, c'est le chef de l'État. Ce n'est plus le chef d'un parti politique. Il doit être *au-dessus* des partis politiques. Son rôle, c'est d'avoir une vision pour le futur du pays ; ce n'est pas de gouverner. Ça, c'est le rôle du Premier ministre et de son gouvernement. C'est écrit dans la Constitution de 1958[5].

Le problème de la Ve République, c'est que le président est le véritable chef du gouvernement. D'ailleurs, pour parler de ce régime politique, on utilise parfois l'expression « monarchie républicaine » !

Ainsi, certains voudraient un changement de régime et une république plus démocratique. Ils voudraient instaurer la VIe République.

25
30
35
40

....

3) Ve République　アルジェリア戦争を機に政権を掌握したシャルル・ドゴール Charles de Gaulle が，1958 年の国民投票で圧倒的な支持を得て発足した現行の共和政.

4) sont qualifiés d'« hyperprésidents »　〈être qualifié de 〜〉で「…と形容される，…と呼ばれる」．hyperprésident はニコラ・サルコジ Nicolas Sarkozy（在任 2007-2012）を評する言葉としてマスコミが使った造語で，マクロン大統領についても用いられる.

5) C'est écrit dans la Constitution de 1958　第 20 条に「政府が国の政治を決定し主導する」，第 21 条に「首相が政府の行動を指揮する」と書かれている.

Exercices »

Ⅰ 次の名詞に対応する形容詞の男性単数形を書きなさい.

(1) monarchie (　　　　　) (2) fonction 　　(　　　　　)

(3) hypothèse (　　　　　) (4) gouvernement (　　　　　)

Ⅱ 次の下線部の動詞に対応する名詞を主語にして, 各文をほぼ同じ意味の文に書き換えなさい.

(1) Il est impossible qu'il <u>retourne</u> au pouvoir.

→

(2) Il est très souhaitable que votre fille <u>réussisse</u>.

→

(3) Il est fortement recommandé de <u>lire</u> ce livre.

→

Ⅲ 次の要素を並べ替えて文を作りなさい（文頭に来るものも小文字で始めてあります. 平叙文では文末に point をつけること）.

(1) au Japon / de / des / fonctions / l'empereur / n'a / que / représentation / ,

(2) de / des / elle / est / muse / parisiens / peintres / qualifiée

Ⅳ 次のフランス語の文がテキストの内容に一致している場合は○を, 一致していない場合は×を［ ］内に記入しなさい.

(1) Strictement parlant, la monarchie et la royauté ne sont pas synonymes en français, mais on ne les distingue pas habituellement. ［ ］

(2) Le Royaume-Uni et la Belgique sont deux pays d'Europe dont le monarque ne se mêle pas de politique. ［ ］

(3) Les présidents de la Vᵉ République sont dotés de trop de pouvoir pour avoir une vision pour le futur du pays. ［ ］

14 ≫ **Marcel Proust**

quatorze

マルセル・プルースト

フランス文学のみならず，世界文学においても 20 世紀最高の小説と言われる『失われた時を求めて』*À la recherche du temps perdu* の作者，マルセル・プルースト（1871 − 1922）は，2021 年が生誕 150 年，2022 年が没後 100 年にあたります．生来病弱であった彼は，華やかな社交界に出入りしながら生涯を文学創造に捧げ，死の直前に全 7 篇から成るこの長大な作品を完成させました．微妙な恋愛心理や芸術創造をめぐる深い思索を描いてうねるように長々と続く複雑な文章は，フランス語を読みなれた者にとってもかなり難解で，原文で読み通すのはさすがに困難ですが，さいわい日本でもすでに 4 種類の個人全訳が存在しますので，気軽に手に取ってその魅力的な世界に触れてみることができます．

───║‖│ 読解のヒント │‖║───

　直説法半過去形には，過去の状態を表すほか，過去に反復された行為や習慣を表す用法があります．En ce temps-là, je *fréquentais* une école primaire à Paris.（当時，私はパリの小学校にかよっていた）本文では半過去形と複合過去形が使い分けられているので，その違いに注意してください．

Entre le XVIIᵉ et le début du XXᵉ siècle, en France, les personnes lettrées fréquentaient régulièrement des « salons¹⁾ ». C'étaient des réunions mondaines et intellectuelles où elles conversaient, parlaient de littérature… Les participants étaient généralement des habitués.

Dans la vie culturelle, ces salons étaient très importants. Pour bien comprendre cette importance, indiquons, par exemple, que l'Académie française²⁾, avant de devenir cette institution prestigieuse, était un salon.

Certains artistes se sont fait connaître³⁾ grâce à ces salons. C'est le cas de l'écrivain Marcel Proust. En 2021, c'est le cent-cinquantième anniversaire de sa naissance.

La famille Proust⁴⁾ était riche et cultivée. Enfant⁵⁾, Marcel Proust a reçu une éducation délicate. Il a été aussi très protégé. En effet, c'était un enfant qui avait une santé très fragile. Il souffrait d'asthme. Il a failli en mourir⁶⁾ quand il avait neuf ans et, toute sa vie, il a eu des difficultés respiratoires.

Son œuvre principale, *À la recherche du temps perdu*, est mondialement connue. Elle est monumentale⁷⁾. Elle a été publiée

1) salons おもに女主人が文学者や学者を招いて知的な会話を楽しむ場.

2) Académie française 宰相リシュリュー Richelieu によって 1635 年に設立された学術機関.

3) se sont fait connaître 〈se faire connaître〉で「知られる」. 使役の faire の過去分詞は複合時制でも変化しない. なお, connaître は新綴り字では connaitre.

4) famille Proust 父親は著名な医師で大学教授, 母親はユダヤ系の富裕な株式仲買人の娘.

5) Enfant 主語の同格名詞で, 副詞的用法.「子どもの頃」

6) Il a failli en mourir 〈faillir＋動詞の不定法〉で「 し損ねる」「もう少しで…しそうになる」. en は mourir de ～ (…で死ぬ) の de 以下を受ける.

7) monumentale 規模などが「巨大な」「壮大な」の意.

en sept tomes. En 1919, Proust a reçu le prix Goncourt[8] pour le 20
deuxième : *À l'ombre des jeunes filles en fleurs*.

Il a commencé la rédaction de *La Recherche* après le décès
de ses parents. Comme sa santé était mauvaise, pour se protéger,
il vivait et écrivait dans une pièce hermétiquement close[9].

Écrire ce long roman, qui compte trois mille[10] pages et 25
deux mille cinq cents personnages, lui a pris[11] une quinzaine
d'années. Il a travaillé jusqu'à la mort, littéralement[12]... Il est
mort à cinquante et un ans d'une bronchite mal soignée qui est
devenue une pneumonie. Il venait tout juste de finir *La Recherche*.
Les trois derniers tomes ont été publiés après sa mort. 30

L'incipit du premier tome, *Du côté de chez Swann*, est l'un des
plus célèbres de la littérature française : « Longtemps, je me suis
couché de bonne heure ».

On dit que le style de Marcel Proust n'est pas facile à lire.
Cet écrivain est réputé pour[13] ses phrases souvent très longues ! 35
Mais, si vous avez l'occasion, essayez de le lire.

8) **prix Goncourt** 19世紀の作家，ゴンクール兄弟 frères Goncourt の遺志によって設けられ
た文学賞．

9) **pièce hermétiquement close** プルーストはパリのオスマン大通りに面したコルク張りの密
室で創作に没頭していた．

10) **trois mille** 新綴り字では trois-mille．同じパラグラフの deux mille cinq cents は deux-
mille-cinq-cents，cinquante et un は cinquante-et-un．

11) **lui a pris** 〈prendre à ～＋時間・金銭〉で「…にとって…だけかかる」

12) **littéralement** 「文字通りに」．プルーストは死の直前まで改稿作業を続けていた．
littérairement（文学的に）とは意味が異なるので注意．

13) **pour** ここでは理由を示す用法．「…ゆえに」．

Exercices »

I 次の数字に対応する序数詞（…番目の）をフランス語の綴りで書きなさい.

(1) 9 (   )   (2) 21 (   )

(3) 100 (   )   (4) 1000 (   )

II 次の下線部の動詞を直説法の複合過去形または半過去形にして主語と一緒に（   ）内に入れ，各文の意味を言いなさい.

(1) Quand je <u>être</u> (   ) petit, je <u>se promener</u>

    (   ) tous les jours au bord de la rivière.

(2) Il <u>souffrir</u> (   ) de rhumatisme pendant trois ans.

(3) Nous <u>vivre</u> (   ) ensemble quand la guerre <u>éclater</u>

    (   ).

III 次の要素を並べ替えて文を作りなさい（文頭に来るものも小文字で始めてあります. 平叙文では文末に point をつけること）.

(1) cet / dans / elle / fait / hôpital / opérer / s'est

(2) en / failli / glissant / j'ai / le plancher / sur / tomber

IV 次のフランス語の文がテキストの内容に一致している場合は〇を，一致していない場合は×を〔 〕内に記入しなさい.

(1) Les salons ont joué un rôle important dans le développement de la littérature française. 〔   〕

(2) *À l'ombre des jeunes filles en fleurs* a paru après la mort de son auteur et a gagné le prix Goncourt. 〔   〕

(3) Quand Marcel Proust a commencé à rédiger *La Recherche*, ses parents n'étaient plus de ce monde. 〔   〕

15 » Refettorio : solidaire, écologique, gastronomique

quinze

レフェットリオ——連帯, エコロジー, 美食

毎日の食事にも事欠く貧しい人々に, ミシュランの3つ星シェフが無料で美味しい料理を提供する——ほとんど夢のような話がパリのマドレーヌ寺院の地下礼拝堂を舞台に実現され, 話題を呼んでいます. 主導者の名前はマッシモ・ボットゥーラ. イタリアのモデナにある「オステリア・フランチェスカーナ」のオーナーシェフで, 2016年には世界のベストレストラン50で1位になった実績をもつ本格的な料理人です. 「貧しい人々を料理の力で救えないか」というローマ法王からの電話をきっかりに2015年から始まったこの試みが, 2018年3月からパリでも展開されることになりました. 無償で協力を申し出る有名シェフも続々現れ, スタッフも全員ボランティアということです.

‖‖‖ 読解のヒント ‖‖‖

直前に出てくる名詞を受ける言い方として, ce dernier, *etc.* (受ける名詞に応じて性数変化) があります. Il a deux sœurs, Jeanne et Françoise ; *cette dernière* vient de se marier. (彼には女きょうだいが2人いる. ジャンヌとフランソワーズで, フランソワーズは最近結婚したばかりだ) なお, celui-ci, *etc.* にも同じ用法があります.

La vie n'est pas facile pour tout le monde. Dans nos sociétés, il y a beaucoup de personnes défavorisées : des précaires[2], des SDF[3], des migrants... Quand on voit des personnes en difficulté, on aimerait les aider, mais, souvent, on ne sait pas comment faire[(9-7)].

Massimo Bottura est cuisinier. Il est italien. Lui[4], pour aider les personnes défavorisées, il a ouvert un restaurant à Paris. C'est un restaurant haut de gamme[5] et gratuit.

Généralement, pour un restaurant, « haut de gamme » et « gratuit » ne fonctionnent pas ensemble. Pour celui de Massimo Bottura, si[6]. L'idée de ce chef trois étoiles au Guide Michelin est simple : il veut nourrir non seulement le corps des personnes défavorisées, mais aussi l'esprit.

Ainsi, il veut offrir à ses convives des repas de qualité. Son restaurant, qui s'appelle Refettorio, a ouvert en 2018. C'est un restaurant solidaire, écologique et gastronomique.

Les convives sont choisis par des associations qui aident les personnes défavorisées. Ces dernières, souvent, sont en situation d'exclusion : socialement, elles sont isolées. Partager[(*9)] un repas avec d'autres personnes, cela crée du lien social ; cela

1) Refettorio　イタリア語で「(教会や修道院の) 食堂」. フランス語の réfectoire.
2) précaires　非正規雇用者や失業者を指す.「不安定な」の意の形容詞から.
3) SDF　sans domicile fixe (路上生活者, ホームレス) の略.
4) Lui　主語の同格として用いられた人称代名詞強勢形.
5) haut de gamme　gamme は「音階」の意で, 段階の上位にあるという意味から「高級品 (の)」.
6) si　直前の否定文に対して「そうではない」と肯定の意味を表す. 否定疑問文への答えと同じ.
7) Une centaine de repas est servie　ここでは主語を集合的な女性単数名詞と考えているが, 男性複数名詞 (複数の食事) が実質的な主語と考えて « ～ sont servis » とすることも可能.

peut les aider à se reconstruire, à se réinsérer dans la société.

Une centaine de repas est servie[7] quotidiennement au Refettorio. Pour éviter le gaspillage alimentaire, la nourriture provient d'invendus. Par exemple, ce sont des produits dont la date de péremption[8] est le lendemain et que les magasins ne 25 peuvent plus vendre.

Les repas sont cuisinés bénévolement par des chefs qui viennent à tour de rôle. Certains sont internationalement connus : Hélène Darroze, Alain Ducasse, Alain Passard[9]... Ils créent des recettes avec la nourriture reçue le jour même. C'est 30 un vrai défi ! Le service, aussi, est celui d'un grand restaurant.

Enfin, le lieu est magique. Le restaurant est dans la crypte de la Madeleine, célèbre église située à côté des Champs-Élysées. Le décor intérieur est raffiné : lampes Flos, vaisselle Bernardaud[10], sculptures de l'artiste JR[11]... 35

Comme le dit JR, « les gens sont étonnés quand ils viennent dîner, ils ne s'attendent pas à[12] ce standing. C'est ça qui est beau[13]. »

· ·

8) date de péremption 「賞味期限」. もとは法律用語で「有効期限」.

9) Hélène Darroze, Alain Ducasse, Alain Passard いずれもパリに星付きレストランを構える有名シェフ.

10) lampes Flos, vaisselle Bernardaud Flos は照明具, Bernardaud は食器の高級ブランド.

11) artiste JR 1983 年生まれのストリートアーチスト. 本名 (Jean René) のイニシャルをとって JR の名で活動, 写真を利用した斬新な作品を世界各地で発表している.

12) ils ne s'attendent pas à〜 〈s'attendre à〜〉は「予想する」「予期する」

13) C'est ça qui est beau. 強調構文.「すばらしいのはそれだよ」「そこがすばらしいんだ」

Exercices »

Ⅰ 本文中で用いられている次の語の反対語(意味の上で対になる語)を書きなさい.

(1) facile （　　　　　　　） (2) gratuit （　　　　　　　）

(3) simple （　　　　　　　） (4) intérieur （　　　　　　　）

Ⅱ 次の各文の下線部を y で受けて書き換えなさい.

(1) Ce chef italien voudrait ouvrir un nouveau restaurant à Nice.

　　→

(2) Il n'a jamais pensé à éviter le gaspillage alimentaire.

　　→

(3) Je ne m'attendais pas du tout à votre venue.

　　→

Ⅲ 次の要素を並べ替えて文を作りなさい（文頭に来るものも小文字で始めてあります. 平叙文では文末に point をつけること）.

(1) aider / difficulté / en / je / les personnes / voudrais

(2) à / de / les invités / ont fait / rôle / tour / un discours

Ⅳ 次のフランス語の文がテキストの内容に一致している場合は○を，一致していない場合は×を ［　］内に記入しなさい.

(1) Massimo Bottura est un chef italien qui offre gratuitement des repas de bonne qualité aux personnes défavorisées. ［　］

(2) Les repas servis au restaurant Refettorio ne sont pas gastronomiques parce qu'on y utilise de la nourriture provenant d'invendus. ［　］

(3) Le décor du Refettorio est très apprécié par des grands chefs comme Hélène Darroze, Alain Ducasse ou Alain Passard. ［　］

16 ≫ Le Palais idéal

seize

理想宮殿

フランス南東部，ドローム県のオートリーヴ村に，ひときわ人目を引く異様な石の建造物があります．「理想宮殿」と呼ばれるこの建物は，当地に住むひとりの郵便配達夫が33年の歳月を費やして，まったく独力で築き上げたものでした．建築家でもなく，芸術家でもなく，職人でさえないまったくの素人が造りあげたこの驚嘆すべきモニュメントは，やがてシュルレアリストたちの注目するところとなり，今では多くの観光客を集める名所となっています．2018年には彼の生涯を描いた *L'incroyable histoire du Facteur Cheval*（邦題：『シュヴァルの理想宮　ある郵便配達夫の夢』）という映画が公開され、日本でも上映されましたので、ご覧になった方もおられることでしょう．

||| 読解のヒント |||

2つの要素を並べて否定する場合は〈ne...ni〜ni〜〉を使いますが，前の文だけを普通にne...pasではさむ場合もあります．La vie *n'est ni* bonne *ni* mauvaise. ＝La vie *n'est pas* bonne *ni* mauvaise.（人生は良くも悪くもない）また，直接目的語の前の不定冠詞・部分冠詞は省略されます．Je *ne* bois *ni* café *ni* thé.（私はコーヒーも紅茶も飲まない）

Au cours de sa vie, Ferdinand Cheval a construit un palais magnifique, somptueux, extraordinaire. Il l'a appelé « le Palais idéal ». Pourtant, Monsieur Cheval n'était ni architecte ni maçon.

Il est né dans une famille modeste ; son père était paysan.
5 Il a perdu ses parents quand il était très jeune. Après plusieurs emplois, il est devenu facteur.

Le facteur Cheval vivait dans le village d'Hauterives, dans le département[1] de la Drôme. Pour distribuer le courrier, il parcourait[*14] quotidiennement une trentaine de kilomètres. Et
10 il faisait sa tournée à pied ! En effet, c'était au milieu du XIXe siècle.

Un jour comme les autres[2], alors qu'il marchait sur les chemins de campagne pour porter le courrier, il a buté sur une pierre. Elle l'a fasciné. Et il a décidé de construire le palais qu'il
15 avait imaginé pendant des années dans sa tête. À quarante-trois ans, il a commencé ce projet monumental[14-7]. Il a construit son palais pierre à pierre[3], seul, pendant trente-trois ans.

Pendant ses tournées postales, il repérait des pierres qu'il mettait[4] sur le bord des chemins. Et le soir, il allait les chercher
20 avec un panier ou une brouette. Il en a transporté plusieurs

. . . .

1) département フランスには現在，海外県を含めて 101 の département（県）がある.

2) Un jour comme les autres 「他の日々と同じような日」→「ある日」. un beau jour, un certain jour などの言い方もある.

3) pierre à pierre 無冠詞名詞をàで並べて「一つずつ」の意を表す. pas à pas（一歩一歩）など.

4) il repérait des pierres qu'il mettait... 2つの直説法半過去形は，この順番で行為が繰り返されたことを示す. 関係代名詞節を後ろから直接目的語にかけて訳さないよう注意.

tonnes ! Pendant la nuit, s'éclairant à la bougie, il construisait son palais.

Certains le critiquaient, se moquaient de lui, disaient qu'il était fou.

Son palais, terminé en 1912, mesure environ vingt-six [25] mètres de long, quatorze de large[5] et douze de haut. Il est composé d'une multitude d'éléments en pierre : des arbres exotiques, des ours, des éléphants, des serpents, un crocodile, une mosquée, un temple hindou…

Ferdinand Cheval n'a jamais voyagé ; son inspiration venait [30] de la nature environnante, des images dans les magazines et sur les cartes postales[6]…

Admiré par les surréalistes, le Palais idéal est un véritable chef-d'œuvre de l'art naïf[7]. En 1969, le ministre de la Culture André Malraux[8] l'a classé aux Monuments historiques[9]. [35]

Cette œuvre, unique dans le monde, est aujourd'hui visitée par des milliers de touristes chaque année. Fabuleux destin du facteur Cheval : ce n'était pas un fou, mais un véritable artiste…

---

5) **quatorze de large**　quatorze の後に mètres が省略されている. 次の douze de haut も同様.

6) **images dans les magazines et sur les cartes postales**　当時はフランスが植民地政策を進めていた時期で, 雑誌や絵葉書にはそのエキゾチックな写真やイラストが数多く載っていた.

7) **art naïf**　「素朴派」と訳され, 時代の潮流とは無関係に独創的な作品を制作した素人芸術家たちの傾向を指す. 税関吏でもあった画家の Henri Rousseau などがその代表.

8) **André Malraux**　作家としては『王道』 *La Voie royale* (1930) などで有名だが, ドゴール政権下の 1960 年代には文化相として多くの業績を残した.

9) **Monuments historiques**　フランスには文化遺産保護制度があり, これに基づいてさまざまな文化財を「歴史的記念物」として指定している.

Exercices ≫ _____

Ⅰ 次の職業に対応する仕事を表す名詞を書きなさい.

    (1) architecte （   ） (2) maçon （   ）

    (3) enseignant （   ） (4) médecin （   ）

Ⅱ 次の下線部の動詞を直説法の複合過去形または大過去形にして主語と一緒に
（   ） 内に入れ，各文の意味を言いなさい．副詞がある場合はその位置にも
注意すること.

    (1) Je retrouver （   ） dans mon bureau les lunettes que
       je perdre （   ）.

    (2) Il réaliser enfin （   ） le projet de voyage dont il
       rêver （   ） pendant dix ans.

    (3) Nous se rencontrer déjà （   ）
       avant la réunion d'hier.

Ⅲ 次の要素を並べ替えて文を作りなさい（文頭に来るものも小文字で始めてあり
ます. 平叙文では文末に point をつけること）.

    (1) à / a parcouru / il / la région / toute / vélo

    (2) cette / de / deux / long / mesure / mètres / table

Ⅳ 次のフランス語の文がテキストの内容に一致している場合は○を，一致してい
ない場合は×を［ ］内に記入しなさい.

    (1) Une pierre sur laquelle il a trébuché par hasard a inspiré au
       facteur Cheval l'idée du Palais idéal. ［ ］

    (2) Ferdinand Cheval avait plus de soixante-quinze ans quand il a
       terminé la construction de son palais. ［ ］

    (3) Au moment où il construisait son palais, tout le monde admirait
       le facteur Cheval. ［ ］

17
dix-sept
Les quincados

カンカド（50代の青年たち）

少子高齢化は日本だけの問題ではありません．フランスでも高齢化の波は確実に押し寄せ，「老い」とどう向き合っていくかは国民的な関心事となっています．そんな中，若者に負けずに潑溂とした生活を送る「カンカド」と呼ばれる50代の人たちが現れて話題になっています．Tシャツやジーンズなどの軽快な服装とスニーカーで街を歩き，今風の音楽やスポーツを楽しみ，仲間と飲んだりディスコで踊ったりする彼らのライフスタイルは，年齢は年齢として受けとめながら，あくまでも人生をポジティヴに満喫しようとする意欲に溢れています．確かに人生100年時代と言われる今、50歳はほんの折り返し地点なのかもしれません．

||| 読解のヒント |||

日本語で「…から」という意味を表すフランス語の前置詞はふつうdeですが，動詞によってはàが用いられる場合もあるので注意してください．*J'ai emprunté* cent euros *à* un ami.（私は友人から100ユーロ借りた）; Elle *a confisqué* le smartphone *à* son fils.（彼女は息子からスマートフォンを取り上げた）

Le temps passe et nous vieillissons tous[1]. C'est inéluctable.
En France, 40 % de la population a[(6-6)] plus de cinquante ans.

Cependant, grâce à l'augmentation de l'espérance de vie[2]
(quatre-vingt-deux ans, en moyenne), les personnes qui ont

5 cinquante ans aujourd'hui ne sont pas vieilles ! Il leur reste[3]
potentiellement une trentaine d'années à vivre.

Certains quinquagénaires[4] sont des « quincados ». C'est un
mot-valise[5] qui fusionne les mots « quinquagénaire » et
« adolescent ». Ce concept a été développé par le sociologue

10 Serge Guérin[6].

Les quincados ne se sentent pas vieux. Ils se déplacent en
trottinette électrique[7], les écouteurs de leur smartphone dans
les oreilles, écoutant Gims ou Angèle[8]. Ils s'habillent en jean et
en baskets. Ils empruntent des vêtements à leurs enfants. Ils font

15 des fêtes avec des amis, vont danser en discothèque… Ils
gardent un esprit jeune et ils restent à la page[9].

Attention : Les quincados ne sont pas des quinquagénaires
qui sont nostalgiques de leur adolescence. Non, ils refusent de
s'ennuyer simplement parce qu'ils vieillissent[10]. Mais ils ne

20 refusent pas de vieillir ; ils ne font pas de chirurgie esthétique,

....

1) **tous** 主語 nous の同格で「みんな」「全員」の意の不定代名詞. 発音は [tus].
2) **espérance de vie** ある年齢の人間があとどれくらい生きられるかを示す「平均余命」. 生まれてから死ぬまでの「平均寿命」は longévité moyenne と言う.
3) **Il leur reste** 〈Il reste ～ (à ＋人)〉は「(…にとって) …が残っている」の意の非人称構文.
4) **quinquagénaires** 「50 歳代の (人)」.
5) **mot-valise** 「かばん語」(2 つの単語を組み合わせた造語). ルイス・キャロルの『鏡の国のアリス』で用いられた portmanteau (フランス語では portemanteau) に由来する.
6) **Serge Guérin** 1962 年生まれの社会学者. 2019 年に *Les Quincados* という著書を出版している.

par exemple. En revanche, bien sûr, ils font des efforts pour rester en forme[11] : manger sainement, faire du sport…

Les quincados aiment aussi partir en vacances avec des amis, sans leur famille. Cependant, souvent, leurs enfants sont déjà grands. Et puis, beaucoup de quincados sont divorcés. D'ailleurs, c'est souvent après un divorce que les quinquagénaires choisissent de vivre une vie plus libre.

Au début du XXᵉ siècle, en France, l'espérance de vie était de[11-8] cinquante ans ; c'était l'âge de la fin de la vie. Au XXIᵉ[7-1] siècle, c'est celui du milieu de la vie ! Les quincados veulent avoir de nouveaux projets. Le cas échéant[12], ils peuvent changer de vie professionnelle ou sentimentale. En tout cas, ils continuent pleinement à profiter de la vie.

Être quincado, c'est non seulement une attitude de vie, mais c'est aussi une philosophie de vie. On peut être âgé (cinquante, soixante, soixante-dix ans…) et rester jeune dans sa tête.

---

7) **trottinette électrique**　第 5 課参照.

8) **Gims ou Angèle**　いずれもフランスの人気歌手. Gims はコンゴ, Angèle はベルギー出身.

9) **ils restent à la page**　「世間の動きに通じている」(この教科書のタイトル参照).

10) **parce qu'ils vieillissent**　ils refusent ではなく s'ennuyer の理由を示していることに注意.

11) **rester en forme**　forme は「(良い) 体調」「元気」の意で, être (rester) en forme で「調子がいい」.

12) **Le cas échéant**　「もしもの場合には」. 副詞句として用いられる.

Exercices » _____

❶ 「…学者」を表す次の名詞に対応する学問を表す名詞を書きなさい.

  (1) psychologue (   ) (2) économiste (   )

  (3) biologiste (   ) (4) mathématicien(   )

❷ 次の（ ）内に適切な前置詞を適切な形で入れ，各文の意味を言いなさい.

  (1) Un vieillard se promène（ ）le jardin, une canne（ ）la main.

  (2) Il est sorti（ ）costume de cérémonie, un chapeau（ ）la tête.

  (3) Le nombre des participants était（ ）une centaine.

❸ 次の要素を並べ替えて文を作りなさい（文頭に来るものも小文字で始めてあります．平叙文では文末に point をつけること）.

  (1) à / beaucoup / encore / faire / il / me / reste

  (2) en / forme / il / n'est / paraît / pas / qu'elle

❹ 次のフランス語の文がテキストの内容に一致している場合は○を，一致していない場合は×を ［ ］内に記入しなさい.

  (1) Les quincados sont des gens qui font bien des efforts pour conserver leur jeunesse. ［ ］

  (2) Les quincados sont souvent obligés de divorcer parce qu'ils voudraient vivre à leur gré. ［ ］

  (3) Aujourd'hui, le sens de l'âge de cinquante ans n'est plus le même que celui d'il y a un siècle. ［ ］

Expositions universelles de Paris

パリ万国博覧会

1900年の第5回万博当時の様子

19 世紀後半のパリでは5回にわたって万国博覧会が催され，押しも押されもせぬ国際都市として認知されるきっかけとなりました．最新の科学技術から伝統工芸や芸術作品にいたるまで，世界中の文化的成果が一堂に会するこの催しは，フランスがその存在感をアピールする絶好の機会となったのです．1889年の第4回万博ではエッフェル塔が完成し，1900年の第5回万博ではパリに初めてメトロが登場しています．リュミエール兄弟が発明間もない映画を上映したのも，この第5回万博でした．ちなみに日本は幕末の1867年に開催された第2回パリ万博に初めて出品し，このときは幕臣であった渋沢栄一も訪欧視察団の随員として渡仏しています．

読解のヒント

現在分詞や過去分詞が独自の主語をとって独立した節を構成する構文を「絶対分詞構文」と言います．*Son père étant* malade, il est resté à la maison.（父親が病気なので彼は家にいた）この場合，分詞節は主文の理由説明になっているので，*Comme* son père était malade...と書き換えることができます．

18 » Expositions universelles de Paris

La première Exposition universelle a eu lieu[1] à Londres, en 1851. Le Royaume-Uni[11-5] en a organisé seulement deux[*8]. La France, elle[17-4], en a organisé cinq. C'est beaucoup ! Elles se sont toutes[2] déroulées à Paris, en 1855, 1867, 1878, 1889 et 5 1900.

Organiser un tel événement[3], c'était très ambitieux, très cher. Alors, pourquoi les pays voulaient-ils absolument organiser des Expositions universelles ?

Le XIXe siècle, en Europe, est celui de la Révolution 10 industrielle. À cette époque-là, Internet[3-2] et la télévision n'existaient pas. Alors, ces Expos étaient nécessaires pour diffuser et échanger les nouvelles connaissances. Chaque pays y présentait ses nouvelles avancées et réalisations dans les domaines de la science, de l'industrie, des arts…

15 Par ailleurs, les Expos généraient beaucoup d'activités économiques et elles attiraient des millions de visiteurs. Donc, les États organisateurs espéraient faire des bénéfices… Mais, parfois, les Expos généraient des déficits[4].

Également, pouvoir[*9] organiser une Exposition universelle 20 montrait la puissance du pays organisateur. C'était donc une

---

1) **a eu lieu** 〈avoir lieu〉で「(行事などが) おこなわれる」「催される」
2) **toutes** 主語の同格. 必ず動詞の後に置かれる.
3) **événement** 新綴り字では évènement.
4) **déficits** 「赤字」. 語末の子音字 [t] が発音されることに注意.

question de prestige international(5-5) . Et c'était parfois aussi un acte politique. Par exemple, en organisant celle de 1889, La France voulait célébrer le centenaire de la Révolution... Beaucoup de monarchies(*13) ont refusé d'y participer !

Enfin, pour l'État français, organiser autant d'Expos était ₂₅ une façon de faire la promotion, auprès des visiteurs étrangers, de la France et de Paris – ville moderne, culturelle et divertissante.

Les visiteurs ont pu y découvrir, bien sûr, de nombreuses inventions comme la machine à coudre, la machine à laver, le ₃₀ ventilateur... Elles nous paraissent banales aujourd'hui, mais c'était de la technologie de pointe5) à cette époque-là.

De grands monuments ont été construits pour chaque Exposition universelle. Certains existent encore aujourd'hui, comme la tour Eiffel.   ₃₅

De nos jours(4-1), les Expositions universelles se déroulent tous les cinq ans(6-1), chacune ayant un thème spécifique. Pour celle d'Osaka, en 2025, ce sera « Concevoir la société du futur, imaginer notre vie de demain ». Un thème ô combien6) d'actualité...   ₄₀

---

5) technologie de pointe de pointe は「最先端の」.「ピークの」の意もある．第5課の注1参照．

6) ô combien 「ああどれほどの…」の意で，しばしば挿入句的に用いられる．ここでは〈de＋名詞〉をともなって，全体が「きわめて今日的な」の意の形容詞句として thème を修飾している．

Exercices »

I 次の動詞に対応する名詞を書きなさい.

(1) diffuser (　　　　　) (2) échanger (　　　　　)

(3) découvrir (　　　　　) (4) concevoir (　　　　　)

II 次の各文の下線部を指示に従って書き換えなさい.

(1) <u>Comme sa fiancée sait la vérité</u>, il ne peut plus se marier avec elle.

（現在分詞を用いて）→

(2) <u>Comme mon fils a trouvé un travail</u>, je me sens soulagé.

（現在分詞を用いて）→

(3) <u>Le loyer n'étant pas si cher</u>, elle a décidé de louer ce studio.

（現在分詞を用いずに）→

III 次の要素を並べ替えて文を作りなさい（文頭に来るものも小文字で始めてあります. 平叙文では文末に point をつけること）.

(1) à / aura / d'entrée / dimanche / la cérémonie / lieu / l'université / prochain

(2) bon / de / est / les / règles / respecter / sens / une question

IV 次のフランス語の文がテキストの内容に一致している場合は○を，一致していない場合は×を ［　］ 内に記入しなさい.

(1) Au XIXe siècle, la France a organisé plus d'Expositions universelles que le Royaume-Uni où a eu lieu la première. ［　］

(2) Les Expos demandent un budget de l'État trop important pour faire des bénéfices. ［　］

(3) La tour Eiffel est un des grands monuments qui ont été construits à l'occasion des Expositions universelles. ［　］

Il y a trente ans : Unzen

30年前──雲仙

日本は世界有数の火山国で，中にはいつ噴火するとも知れない危険な山がいくつもあります．そのひとつである雲仙岳では，1990年から活発な火山活動が始まり，翌91年6月3日には普賢岳で大規模な火砕流が発生して，それまで安全な撮影場所とされていた「定点」を襲いました．その結果，43名の死者・行方不明者を出す大惨事となったのですが，犠牲者の中には火砕流を撮影していたフランス人夫婦が含まれていました．カティアとモーリスのクラフト夫妻です．2人は世界中の火山の写真や映画を撮影してきたことで知られる，著名な火山学者夫婦でした．彼らの死後には，その業績を記念して「クラフト・メダル」という賞が設けられています．また，NHKではドキュメンタリーも放映されました．

┃┃┃ 読解のヒント ┃┃┃

　一般に形容詞の女性形に -mentという語尾をつけることで，副詞を作ることができます．heureux → *heureusement*（幸いにも），franc → *franchement*（率直に）等（ただし，évident → *évidemment*）．また，同じ語尾はいくつかの動詞と接合して名詞を作ります．bâtir → *bâtiment*（建物），classer → *classement*（分類）等．

Situé dans le Parc national d'Unzen-Amakusa, le mont Unzen est très connu pour⁽¹⁴⁻¹³⁾ ses sources thermales. Ce merveilleux endroit, c'est aussi la zone volcanique la plus meurtrière du Japon.

5   En effet, Unzen est un volcan qui se trouve près de Shimabara. En 1792, cette ville a été détruite par un glissement de terrain puis un tsunami⁽⁹⁻⁵⁾, conséquences¹⁾ d'une éruption du volcan. Il y a eu quinze mille²⁾ morts. C'est la plus grande catastrophe d'origine volcanique du Japon.

10   Ensuite, le volcan s'est endormi. Mais alors qu'il dormait tranquillement depuis deux siècles, il s'est brusquement réveillé : son éruption, débutée en 1990, a duré jusqu'en 1995. C'est très long !

Unzen est un volcan très explosif, et pendant cette
15 période, le même phénomène volcanique s'est répété : production d'un dôme de lave³⁾, destruction de ce dôme, production d'un nouveau dôme, destruction de ce nouveau dôme, et ainsi de suite⁴⁾.

Les destructions de dômes produisaient des coulées
20 pyroclastiques⁵⁾ : ce sont des mélanges de gaz et de débris

- -

1) **conséquences**　前に並列されている un glissement de terrain と un tsunami をまとめて
　受ける同格名詞.
2) **quinze mille**　新綴り字では quinze-mille.
3) **dôme de lave**　「溶岩ドーム」あるいは「溶岩円頂丘」. 火山から押し出された溶岩が固まって
　できたドーム状の地形.
4) **et ainsi de suite**　いくつかの項目を列挙した後で, 「以下同様」.
5) **coulées pyroclastiques**　「火砕流」. pyroclastique は「火, 熱」を表す接頭語 pyro- と「砂
　屑（さいせつ）物の」を意味する形容詞 clastique の合成語.

volcaniques. Elles sont extrêmement brûlantes, extrêmement rapides… et imprévisibles. Parfois, les gens n'ont pas le temps de fuir. C'est ce qui s'est passé le 3 juin 1991.

Ce jour-là, quarante-trois personnes sont mortes au pied du mont Unzen : des agriculteurs, des chauffeurs de taxi, des 25 journalistes, des policiers, des pompiers… Il y avait aussi trois volcanologues : un Américain[6] et les Français Katia et Maurice Krafft.

Couple dans la vie et au travail, la passion des Krafft, c'étaient les volcans. Ils les étudiaient, les filmaient, les 30 photographiaient. Quand il y avait une éruption volcanique quelque part dans le monde, ils y allaient[*14].

Alors, ils sont allés au mont Unzen. Il voulait y filmer une coulée pyroclastique. C'était leur rêve de scientifiques[7]. Ils étaient très expérimentés. Pourtant, malheureusement, ils se 35 sont installés trop près du couloir[8] que les coulées empruntaient[9]. Celle qui les a tués était plus grande que les précédentes.

Katia et Maurice Krafft sont morts en voulant faire de bonnes images du volcan Unzen. Ils sont morts en vivant leur passion[10]. 40

6) un Américain 日本で火山の研究をしていた地質学者, ハリー・グリッケン Harry Glicken のこと.
7) scientifiques 「科学者」. scientiste は「科学（万能）主義者」の意なので注意.
8) couloir 「廊下」ではなく, 山の「峡谷」. 溶岩や雪崩の通路になる.
9) empruntaient 「借りる」ではなく, 道や通路を「通る」.
10) en vivant leur passion vivre は他動詞として用いられると「味わう」「体験する」の意.

Exercices »

I 次の形容詞に対応する副詞を書きなさい.

    (1) merveilleux （   ）   (2) long   （   ）

    (3) nouveau   （   ）   (4) précédent （   ）

II 次の各文を指示に従って書き換えなさい.

    (1) Il s'est réveillé très tard ce matin.

      （主語を elles にして）→

    (2) L'éruption volcanique s'est répétée plusieurs fois.

      （単純未来形にして）→

    (3) Elle va s'installer dans cet appartement.

      （主語を je にして）→

III 次の要素を並べ替えて文を作りなさい（文頭に来るものも小文字で始めてあります. 平叙文では文末に point をつけること）.

    (1) avec / bavarder / de / je / le temps / n'ai / pas / toi

    (2) ces / de / détruites / le tremblement / maisons / ont été / par / terre

IV 次のフランス語の文がテキストの内容に一致している場合は○を，一致していない場合は×を［ ］内に記入しなさい.

    (1) Après l'éruption catastrophique en 1792, Unzen ne s'est jamais réveillé pendant deux siècles. ［ ］

    (2) C'était pour prendre des photos d'une coulée pyroclastique que les Krafft sont allés au mont Unzen. ［ ］

    (3) Les Krafft se sont installés trop près du couloir des coulées dangereuses à cause de leur manque d'expérience. ［ ］

Montréal

モンレアル

　承知の通り，フランス語が日常的に話されているのはフランスだけではありません．ヨーロッパではベルギーやスイス，アフリカではフランス旧植民地であった西北部の諸国など，世界にはフランス語が公用語や準公用語になっているフランス語圏 francophonie が広範囲に分布しています．そのひとつであるカナダ東部に位置するケベック州は，英語が優勢なこの国でも特にフランス語使用地域として有名で，州最大の都市であるモンレアル（英語ではモントリオール）は，フランス文化の影響が強いことから「北米のパリ」と呼ばれてきました．フランス語の学習を通して，こうしたフランス語圏にもぜひ関心の対象を広げてください．

|||| 読解のヒント ||||

　y は人称代名詞として〈à ＋ 名詞〉に代わるほか，場所を表す副詞としても広く用いられます．En été, il fait très chaud dans cette région. → En été, il y fait très chaud. / Beaucoup d'immigrés habitent en banlieue. → Beaucoup d'immigrés y habitent. ただし，場所を示す言葉が文中に明示されていない場合もあるので注意.

La province du Québec[1] est située dans l'est du Canada. Au XVIe siècle, le Français Jacques Cartier[2] a été le premier explorateur européen à découvrir[*6] ce territoire. Il y a fait plusieurs expéditions.

5 Dans la langue des Amérindiens[3] qui vivaient là, le mot « kanata » signifie « village ». Entendant ce mot, Cartier a pensé qu'il désignait tout le territoire de la vallée du fleuve Saint-Laurent[4]. Il l'a donc nommé « Canada ». Ce nom sera ensuite adopté au XIXe siècle pour désigner l'actuel Canada.

10 Par la suite, cette région historiquement française a longtemps été sous domination anglophone. Mais la langue française n'y a jamais disparu. Elle a résisté et elle s'est imposée. Depuis 1974, et alors que l'anglais prédomine dans le reste du pays, le Québec est l'unique province canadienne à avoir le 15 français comme seule langue officielle.

La ville la plus grande du Québec, c'est Montréal. La montagne qui la domine, le mont Royal[5], a été nommée ainsi par Cartier en l'honneur du roi. C'est de son nom que vient celui de la ville. En effet, dans le français du XVIe siècle, « réal » est 20 une forme ancienne de « royal ».

....

1) **province du Québec** province はカナダでは「州」の意で，全部で10 ある．定冠詞つきの le Québec は「ケベック州」，冠詞がつかない場合は州都の「ケベック市」を指す．

2) **Jacques Cartier** 1534 年に北米大陸への最初の航海をおこない，翌35 年からの第 2 次航海で現在のケベックに到達した．1541 年からの第 3 次航海が最後．

3) **Amérindiens** 「アメリカ先住民」（いわゆる「インディアン」）．

4) **fleuve Saint-Laurent** オンタリオ湖から発し，ケベック州を流れてセント・ローレンス湾に注ぐ河．ジャック・カルティエが第 1 次航海で発見した．

5) **mont Royal** モンレアル市内にある標高232 メートルの（山というより）丘．市街が一望できる観光スポットとなっている．

Montréal, deuxième ville la plus peuplée du pays, est la première ville francophone du continent américain. L'anglais y est la deuxième langue la plus parlée, et il y a aussi beaucoup d'allophones[6].

En effet, cinq cents[7] ans après l'arrivée des premiers Français, l'immigration est encore aujourd'hui l'un des facteurs principaux de l'augmentation de la population montréalaise. La ville, très cosmopolite, compte plus de deux cents communautés. Certaines ont créé leur quartier : vous pouvez ainsi vous promener dans le quartier italien, le quartier maghrébin[8], le quartier chinois, etc.

Les Montréalais sont plurilingues ! 20 % d'entre eux[9-3] parlent[6-6] au moins trois langues. Et Montréal serait la ville la plus trilingue du pays, voire du continent.

Si vous aimez le mélange des cultures, Montréal est une ville idéale pour vous ! Sauf si vous détestez l'hiver… Il y est très froid et très long.

6) allophones　allo- は「他の」「異なる」の意の接頭語で、「外国語を母語とする（人）」.
7) cinq cents　新綴り字では cinq-cents. 28 行目の deux cents も同様.
8) maghrébin　Maghreb (Maroc, Algérie, Tunisie の総称) の形容詞形.

Exercices »

I 次のフランス語圏の国や地域に対応する形容詞を書きなさい.

    (1) Québec （   ）   (2) Belgique （   ）

    (3) Suisse （   ）   (4) Maroc （   ）

II 次の各文を指示に従って書き換えなさい.

    (1) Elle m'a dit : « Cette coutume a déjà disparu. »

    （間接話法に）→

    (2) Je lui ai demandé : « Qu'est-ce que c'est ? »

    （間接話法に）→

    (3) Il a affirmé que sa mère se rétablirait bientôt.

    （直接話法に）→

III 次の要素を並べ替えて文を作りなさい（文頭に来るものも小文字で始めてあります. 平叙文では文末に point をつけること）.

    (1) à / aider / avocat / est / il / l'unique / nous / pouvoir

    (2) a été / décorés / des / en / l'honneur / organisée / réception / une

IV 次のフランス語の文がテキストの内容に一致している場合は○を，一致していない場合は×を［　］内に記入しなさい.

    (1) Jacques Cartier a baptisé la ville de Montréal d'après le nom du mont Royal qui la domine. ［　］

    (2) Sur le continent américain, il n'y a aucune ville qui compte plus de francophones que Montréal. ［　］

    (3) La population montréalaise n'a cessé d'augmenter depuis XVIe siècle grâce à l'immigration. ［　］

フランス全土

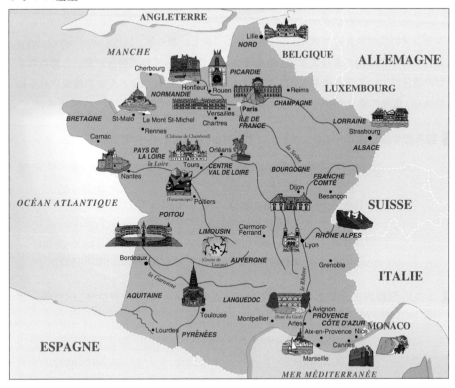

パリ市内

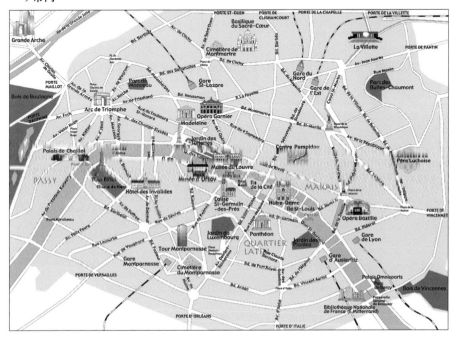

◆ 新しい綴り字について ≫

　フランスの国民教育省が2016年に導入した「新しい綴り字」la nouvelle orthographe
にはいくつかの原則がありますが，ここでは学習者にとって特に関係が深いと思われる
6つの項目についてその概要を記しておきます．なお，これらはあくまで推奨される綴
りであり，従来の綴りも並行して用いられていますので，その点に注意してください．

1 数を表す綴りはすべてトレ・デュニオン trait d'union (-) でつなぐ.

〔例〕

数字	従来の綴り	新しい綴り
21	vingt et un	vingt et un
108	cent huit	cent-huit
312	trois cent douze	trois-cent-douze
1061	mille soixante et un	mille-soixante-et-un
2020	deux mille vingt	deux-mille-vingt

2 本来の発音原則と異なるアクサン・テギュ accent aigu をアクサン・グラーヴ
accent grave に替える.

〔例〕

意味	従来の綴り	新しい綴り
乳製品店	crémerie	crèmerie
できごと	événement	évènement
規制する	réglementer	règlementer
より好む（単純未来形）	je préférerai	je préfèrerai *

＊ céder, célébrer, inquiéter, répéter などの動詞についても同様．また，条件法現在形
　についても同様．

3 i と u の上のアクサン・シルコンフレクス accent circonflexe は原則として省略する.

〔例〕

意味	従来の綴り	新しい綴り
8月	août	aout
箱	boîte	boite
夕食（をとる）	dîner	diner
味・趣味	goût	gout
燃やす	brûler	bruler
値段が〜である	coûter	couter
知っている（connaitre・3・単）	il connaît	il connait *
〜の気に入る（plaire・3・単）	il plaît	il plait

　＊ naitre, paraitre などの動詞についても同様．また，単純未来形，条件法現在形につい
　　ても同様．
　＊＊ dû, mûr, sûr のように，アクサンを取ってしまうと別の単語と混同される可能性のあ
　　る場合はそのまま．

4 -gu の後につく e と i の上のトレマ tréma を u の上に移動させる.

〔例〕

意味	従来の綴り	新しい綴り
尖った, 鋭い	aiguë	aigüe
あいまいな	ambiguë	ambigüe
あいまいさ	ambiguïté	ambigüité

5 -eler -eter で終わる動詞の活用形で子音字を重ねるものは, 子音字を重ねずに直前の e にアクサン・グラーヴをつける. 名詞も同様.

〔例〕

意味	従来の綴り	新しい綴り
積み上げる	j'amoncelle	j'amoncèle
更新する	je renouvelle	je renouvèle
更新	renouvellement	renouvèlement

* ただし, 子音字を重ねる綴りが常用化している appeler (呼ぶ), jeter (投げる) などの動詞については従来通り.
  je m'appelle, il jette, etc.

6 変則的な綴りを発音規則に合わせて標準化する. 2 種類の綴りが併用されている単語は標準的な方に統一する.

〔例〕

意味	従来の綴り	新しい綴り
玉ねぎ	oignon	ognon
鍵	clé, clef	clé
スプーン	cuiller, cuillère	cuillère

参考文献：ミシェル・サガズ，常盤僚子著『フランス語新つづり字ハンドブック』(2018 年，白水社)

時事フランス語　2021年度版

| 検印省略 | © 2021年 1 月15日　初版発行 |

編著者　　　　　　石 井 洋 二 郎
　　　　　　　　ミシェル・サガズ

発行者　　　　　　原　　雅　久
発行所　　　　株式会社 朝 日 出 版 社
101-0065 東京都千代区西神田3-3-5
電話 (03) 3239-0271・72
振替口座　00140-2-46008
http://www.asahipress.com
信毎書籍印刷㈱